BESTSELLER

Marcelo Rittner (1947) es rabino egresado del Seminario Rabínico Latinoamericano y licenciado en sociología. Recibió el doctorado *Honoris Causa* en teología, otorgado por el Jewish Theological Seminary. Desde 1985 es el líder espiritual de la Comunidad Bet-El de México. Cofundador de la Confraternidad Judeo-Cristiana de México, institución dedicada al diálogo entre cristianos y judíos. Es autor de *Y si no es ahora, ¿cuándo?*, *Antes que se me olvide* y *Aprendiendo a decir adiós*. Puedes contactarlo en: mrittner@prodigy.net.mx

MARCELO RITTNER

Aprendiendo a decir adiós

Cuando la muerte lastima tu corazón

⊔ DeBOLS!LLO

Aprendiendo a decir adiós
Cuando la muerte lastima tu corazón

Primera edición en Debolsillo: abril, 2008

D. R. © 2004, Marcelo Rittner

Derechos exclusivos de edición en español reservados
para todo el mundo:

D. R. © 2008, Random House Mondadori, S.A. de C.V.
          Av. Homero núm. 544, Col. Chapultepec Morales,
          Del. Miguel Hidalgo, C.P. 11570, México, D.F.

www. randomhousemondadori.com.mx

Comentarios sobre la edición y contenido de este libro a:
literaria@randomhousemondadori.com.mx

ISBN 978-970-810-351-0

Impreso en México / *Printed in Mexico*

Cuando llora el corazón sólo Dios escucha,
el dolor se eleva desde el alma.
Corta el silencio una pequeña oración.
Una lágrima en mis ojos, el corazón llora en silencio.
Y cuando el corazón está en silencio, el alma grita
Dios mío, ahora estoy completamente solo
Hazme fuerte... para que ya no tema.
Es grande el dolor y no hay hacia donde correr.
Ya no me queda fuerza.
Cuando llora el corazón, el tiempo se detiene.

SAMUEL ALBAZ

Este libro está dedicado a cada uno y a todos aquellos a quienes la muerte de un ser querido lastimó su corazón, con la esperanza que sus páginas puedan ser un bálsamo para el alma herida, una luz en la oscuridad, esperanza en la desesperanza, serenidad en la desesperación, y especialmente una ayuda en el proceso tan difícil de aprender a decir adiós.

Nadie puede decir que sabe mucho sobre la vida,
si su sabiduría no incluye una relación con la muerte.

Recordar: del latín *re-cordis*, volver a pasar por el corazón.

Nadie es tan capaz de sentir gratitud
como aquel que ha salido del reino de la noche.
Sabemos que cada momento es de gracia;
cada hora, un ofrecimiento.
No compartir nuestro tiempo sería traicionarlo.
Nuestras vidas ya no nos pertenecen sólo a nosotros.
Pertenecen a todos aquellos que nos necesitan
desesperadamente.

ELIE WIESEL

LOS RECORDAMOS

Al amanecer y al atardecer,
los recordamos.
Cuando sopla el viento y en el frío del invierno,
los recordamos.
Al abrirse las flores y en el renacimiento de la primavera,
los recordamos.
En lo azul del cielo y en lo cálido del verano,
los recordamos.
Con el rumor de las hojas y en la belleza del otoño,
los recordamos.
Al principio del año y cuando termina,
los recordamos.

Mientras vivamos, ellos también vivirán;
ya que ahora son una parte de nosotros,
al recordarlos.

Cuando estamos fatigados y necesitamos fuerza,
los recordamos.
Cuando estamos perdidos y angustiados,
los recordarnos.
Cuando tenemos alegrías que deseamos compartir,
los recordamos.

Cuando debemos tomar decisiones difíciles,
los recordamos.
Cuando logramos algo que empezó con ellos,
los recordamos.

Mientras vivamos, ellos también vivirán;
ya que ahora son una parte de nosotros,
al recordarlos.

A MANERA DE REFLEXIÓN Y AGRADECIMIENTO

୫୨

Fue recién cuando me dispuse a escribir estas líneas, que tomé conciencia del hecho que seguramente la idea de escribir este libro comenzó aproximadamente 30 años atrás, cuando repentinamente perdí a mi madre, de bendita memoria. Cuando todo se vuelve oscuridad y la desesperación domina, recuerdo haber sentido que la lectura de los clásicos textos bíblicos serenaba mi espíritu, pero que sólo rezar me dejaba una sensación de algo incompleto. Cuatro años más tarde, la muerte de mi padre y ese sentimiento único de orfandad me demostraron que mi corazón continuaba triste y lastimado. Y la idea de un libro como el que hoy les presento volvió a mi mente.

A lo largo de mis casi 30 años de trabajo pastoral, he acompañado a muchas y queridas familias en ese momento tan difícil de la separación definitiva de un padre o una madre, un hijo o una hija, hermano o hermana, una esposa o un marido, un amigo o amiga. Son muchos años de tratar de compartir, de estar y de escuchar mucho y responder poco. Porque, ¿qué puedes decir a los padres frente a su pequeño sin vida? ¿Qué palabras son las apropiadas para la familia de una joven cuya vida es arrancada cuando no llegó a su plenitud? ¿Qué decir a una joven viuda y sus pequeños hijos que no entienden por qué "eso" le pasó a un hombre bueno? ¿Por qué él o ella? ¿Por qué justo ahora? ¿Cómo Dios puede hacer esto a una persona noble, y dejar vivir a tantos malvados? ¿Por qué él y no yo? Podría citarles un sinfín de ejemplos, todos válidos, todos relevantes.

Y si la verdad es que la muerte es ineludible, también lo es que nuestra sociedad no está preparada para tratar con ella. Entonces, escucho las preguntas, generalmente acompañadas con esos ojos cansados de llorar y con manos que me agarran con desesperación. Preguntas que me hacen sentir inmensamente limitado y me hacen sentir intensamente la necesidad de poder ofrecer algo más que palabras y presencia. Poder complementar esas palabras, con pensamientos, ideas, textos que ayuden al enlutado a poder pasar por el valle de las tinieblas y llegar a los verdes prados.

Y entonces, este libro tomó forma. Es para ti. Es un libro preparado por un doliente en la esperanza de ayudar a otro. Está originado en un ser espiritual que trata casi diariamente con la muerte, buscando ofrecer ayuda a otro ser espiritual ahora más incompleto, por esa separación que debe enfrentar. Porque la muerte y el dolor que ella provoca no tienen etiquetas religiosas. Es universal. Y en esa universalidad, en esa humanidad, en ese corazón lastimado, estamos juntos.

Deseo, desde lo más profundo de mi ser, que este libro te pueda ayudar en el proceso que cada uno debe enfrentar, y que nos permitirá, finalmente, poder alcanzar la plenitud de nuestra existencia.

Mis agradecimientos en especial a Roberto Banchik, por su insistencia para que este libro fuera realidad, y a César Gutiérrez, Karina Morales y Aurora Higuera por su incansable tarea editorial. Agradecimientos extensivos a muchos y muy queridos amigos y amigas de mi Comunidad, con quienes he compartido momentos de tristeza y también de alegría, amigos que siempre han apoyado mis proyectos haciendo con su generosidad que se hagan realidad. A mi familia, por su comprensión por el tiempo que he dejado de compartir con ellos para trabajar en este proyecto. A mi esposa Ruthy; a Sharon, Karen, Gabriel, Suri, Sonia, mis hijos; a Teya, Moi, Paulina, Bernardo y Natalia, mis nietos queridos.

Y especialmente, agradezco a Dios, a quien creemos ausente e indiferente al dolor que sufrimos cuando un ser amado muere, y que sin embargo, está presente en muchas formas. Cuando el corazón está en silencio, cuando el alma grita, cuando creemos no tener más fuerzas, cuando creemos no tener mañana, Él está dentro de cada una de nuestras lágrimas; Él está acariciando nuestro corazón buscando consolarnos, y Él está recordándonos que la oscuridad más intensa de la noche es el instante previo al amanecer.

Le agradezco a Dios haberme enseñado que Él *nunca nos coloca pruebas*

14

que no podamos enfrentar; que el tiempo solo, no cura; y que es la lealtad a la vida la que nos permite aprender a decir adiós.

MARCELO RITTNER

APRENDIENDO A DECIR ADIÓS

೮೦

Cuando llegue al final del camino y el Sol se haya puesto
para mí,
no quiero ritos en una habitación llena de tristeza.
¿Por qué llorar por un alma que es libre al fin?
Échame de menos un poco, pero no por mucho tiempo,
y no cabizbajo,
recuerda el amor que una vez compartimos,
échame de menos, pero déjame ir.
Porque este es un viaje que todos debemos hacer,
y cada uno debe ir solo.
Todo es parte del plan del Maestro.
Me encuentro camino a casa.
Estoy bien. Estoy en paz.
Pero me preocupas tú.
Cuando estés sola y tu corazón se sienta invadido
por la tristeza o la melancolía,
acude a los amigos que conocemos, entierra tus pesares
haciendo buenas obras.
Y avanza por el camino de tu vida.
Échame de menos, pero déjame ir.

———————

Alguien que amas ha fallecido. Tal vez esperabas su muerte y te habías
preparado. O creías haberte preparado para enfrentarla. Quizá su pérdida
llegó súbitamente como una sorpresa inesperada. Como sea que haya su-

cedido, ni tu vida es la misma ni tú eres la misma persona. Es posible que estés enfrentando un momento en el que cada día resulta una agonía. Es probable que sientas que no importa lo que hagas, no puedes escapar a una angustia que parece controlar tu vida. Cuando consigues quedarte dormido para no sentir la tristeza por un rato, descubres que la pena te sigue hasta tus sueños. Entonces, cuando despiertas, te hiere una vez más. ¿Cuánto tiempo debes continuar viviendo así? También te preguntas si tu vida mejorará algún día, si habrá motivos para albergar nuevas esperanzas o una razón para vivir. Y algunos días sientes que ya estás en tu límite de resistencia y quieres darte por vencido.

Por otro lado, es posible que esta muerte no sea lo peor que te haya sucedido. Puede que recuerdes otros momentos en la vida que fueron tan o más difíciles. Sin embargo, es probable que sientas que esta experiencia por la que atraviesas es la más difícil. Es natural que te sorprendas por la cantidad de dolor que eres capaz de sentir.

No importa cuánto dure este periodo de duelo. Hay una gran probabilidad que parezca demasiado largo. Casi siempre es más prolongado de lo que la gente espera, especialmente para aquellos a tu alrededor que no entienden cuánto se ha afectado tu vida. Están ansiosos de ver que tú vuelvas "a ser normal". Quizá te animen a hacerlo más rápido de lo que tú requieres. Y ellos pueden no estar preparados para el hecho de que tu "antiguo estado de normalidad" no sea tu "nuevo estado normal". De hecho, también es probable que tu dolor se alargue más de lo que lo tú mismo deseas. Puede que te canses de estar siempre cansado. Puede que te sientas debilitado por el dolor e incomodidad perpetuos.

Sin embargo, tu desafío es permanecer con tu dolor el tiempo suficiente, ni una hora más de lo que necesitas ni una hora menos de lo que tu pérdida te exige. Por más incómodo que para ti sea este momento, tu dolor tiene un propósito: te ayuda a sanar. De hecho, solamente sintiendo la pena será posible la recuperación.

El propósito de este libro es ayudarte a crecer y adquirir esa sabiduría que sólo podemos aprender de la muerte. Como he vivido el dolor de la muerte y la separación tan continuamente, tanto en lo personal como profesional, quisiera que las palabras, los sentimientos, los testimonios y los pensamientos que encontrarás en estas páginas te puedan ayudar en el proceso de dejar ir, que para nada significa olvidar. Significa alcanzar la madurez en un proceso doloroso que comienzas con la muerte de tu ser querido.

Debes estar conciente que lo que aquí leas no puede llevarse tu dolor ni desaparecerlo. Seguramente, aminorará un poco tu pena. Quizá podrás ver un rayo de luz hacia delante. Pero ciertamente, lo que aquí leerás intenta alentarte a que puedas enfrentar tu proceso. Porque solamente encarando el dolor como una travesía aceptarás lo que ha sucedido y, con el tiempo, llegarás a otro lugar en tu vida: al extremo más lejano de tu pena.

Pero es una travesía que debes realizar por ti mismo. Otros han realizado previamente el viaje que estás haciendo ahora y han vuelto a llevar vidas completas, ricas y comprometidas. Otros están haciendo un viaje como el tuyo y están aprendiendo al mismo tiempo que tú lo haces. Hay gente a tu alrededor que desea apoyarte y hacer lo que pueda por ti. Hay compañeros que te esperan a lo largo de todo el camino. Puede que todavía no hayas sentido su presencia, pero ahí están.

No todos los pensamientos aquí plasmados se podrán aplicar de igual manera a tu situación. Algunos lo harán mejor que otros. Toma las ideas, pensamientos y sugerencias con las que te identifiques. Deja lo demás para otras personas, para otra etapa o para otro momento de tu vida.

Sí, esta experiencia duele. Sí, puede que el camino te parezca largo. Sí, parece complicado y difícil. Pero no tienes que viajar completamente solo. No tienes que atravesar esto a ciegas. Puedes hacer hasta aquello que te ha despertado temor. Puedes encontrar maneras de ayudarte a ti mismo, así como formas de aceptar ayuda. Después entenderás que esta experiencia es tiempo de crecimiento. Gradualmente podrás regresar de nuevo a la vida. En otras palabras: puedes sanar, sentirte completo o completa y nuevamente ser tú mismo. Puedes y, al atravesar todo el proceso de duelo, lo serás.

Atravesar el dolor nos lleva al corazón mismo de la vida. Solamente nos duele perder aquello que hemos amado, y siendo transitoria la naturaleza de la vida, el amor y la pérdida están íntimamente conectados. Todos experimentamos algún tipo de pérdida en nuestra vida diaria, desde situaciones aparentemente superficiales hasta pérdidas mayores como la de un ser amado, una relación o un sueño.

Sanar nuestra pena es una travesía, no un destino. El recorrido hacia nuestra curación nos solicita entretejer nuestras pérdidas en la tela de nuestra vida. Y necesitamos herramientas. El propósito de este libro, y mi esperanza al presentártelo, es poner a tu alcance algunas de esas herramientas, las cuales te permitirán encontrar consuelo para tu tristeza y te harán sentir menos solitario en tu dolor.

Cuentan que un hombre se encontraba perdido en el bosque durante muchos días y su provisión de agua y alimento estaba por terminarse. Cada hora que pasaba se sentía más desesperado y temeroso. Se hallaba completamente agotado, pero no podía quedarse dormido. Lentamente, se dio cuenta de que había caminado en círculos y siempre regresaba al mismo lugar. Sabía que su fin se acercaba. De repente, a lo lejos, notó cómo se acercaba la figura de otro errante maltrecho. Se llenó de dicha al pensar: "por fin un camino fuera de este oscuro y terrible bosque". El hombre juntó las fuerzas que le quedaban y corrió hacia el extraño mientras gritaba: "¡hermano, no puedo decirte lo feliz que me hace encontrarte! ¿Cuál es el camino para salir de aquí?". El extraño le respondió: "amigo, lamento decepcionarte, pero también yo he estado perdido durante días por este bosque. No puedo salvarte, yo también estoy buscando el camino para salir de aquí". Desesperado, el primer hombre clamó: "entonces todo está perdido. Es el fin. No tiene caso continuar", y cayó de rodillas llorando. El extraño respondió con voz consoladora: "amigo, ¿por qué pierdes la esperanza? Caminemos juntos. Yo te mostraré los senderos que he seguido y no me llevaron a ninguna parte, y tú me mostrarás los senderos que tú has tomado y que no te llevaron a tu destino. Caminemos juntos y encontremos un sendero que nos conduzca a casa".

Cuando alguien que amamos nos ha sido quitado, o cuando sentimos el pesar de la posibilidad de perder ese amor, frecuentemente nos encontramos solos y perdidos en un mundo oscuro y temible con cambios y transiciones radicales. Los viejos senderos del significado y de la estabilidad están bloqueados, y la tarea de abrir nuevos caminos hacia una vida satisfactoria parece casi imposible. Cuando nuestra vida se ha basado en la fuerza de nuestras conexiones, ¿cómo es posible seguir adelante ante la pérdida y la ruptura de estos vínculos? No hay una respuesta sencilla para estas preguntas, y frecuentemente, el camino para salir del bosque no es fácil de ver. Un camino que, más temprano o más tarde, todos debemos transitar.

Siempre jugué con la imagen de que cada uno de nosotros es como un rompecabezas al que, con el paso de los años, vamos agregando piezas. Piezas de nuestras experiencias, nuestras relaciones, nuestras imágenes y nuestros recuerdos. Cuando la muerte nos lastima, cuando toca nuestra vida, simbólicamente se convierte en una pieza que nos es arrancada de esa figura que hemos tratado de crear. Y sin embargo, cuando miras a lo lejos, la figura parece ser la misma; solamente cuando la observas de cerca, notarás la falta. Debemos continuar viviendo como si estuviéramos completos, sabiéndonos incompletos. Este libro es para aquellos cuyo rompecabezas personal está incompleto desde que la muerte los tocó. Si no recuerdas nada más, memoriza esto: no estás solo, estamos juntos en el dolor y estamos juntos en la larga travesía de la oscuridad a la luz.

Caminemos y juntos encontremos un sendero
que nos conduzca a casa

MARCELO RITTNER
Ciudad de México, diciembre, 2003.

¿Por qué Dios
me hizo esto?

¿POR QUÉ DIOS ME HIZO ESTO?

ಐ

En muchas culturas existe una leyenda similar. Una mujer perdió a un ser querido que era su alegría y la razón de su existencia. Desolada y llena de angustia, llega con el hombre sabio de su pueblo, gritándole: ¿por qué yo? ¿Por qué yo? El sabio, buscando consolarla, le pidió que preparara un pastel; sin embargo, la harina para cocinarlo debía conseguirla solamente de aquellas casas del pueblo donde no hubiera existido tristeza o dolor. La mujer fue de casa en casa y, según sabemos, jamás logró preparar el pastel.

La pregunta "¿por qué Dios me hizo esto?", deja de atormentarnos cuando descubrimos que no estamos solos, que también otras personas viven su dolor por la pérdida de un ser querido único e irremplazable. No somos viajeros solitarios en el valle de las sombras y por eso podemos ver a la muerte tal como es: no un acto malévolo de un Dios vengador, sino parte de un misterio incomprensible de la existencia humana en donde la luz y la oscuridad, la alegría y la tristeza, el nacimiento y la muerte están entretejidos y son inseparables.

LA VIDA ES UN VIAJE

೮ಾ

Alvin Fine

Nacer es un comienzo,
y morir, un destino.
Y la vida es un viaje:
de la niñez a la madurez
y de la juventud a la vejez;
de la inocencia a la conciencia
y de la ignorancia al conocimiento;
de la tontería a la discreción
y entonces, tal vez, a la sabiduría;
de la debilidad a la fortaleza
o de la fortaleza a la debilidad.
Y así, otra vez;
de la salud a la enfermedad
y otra vez, rezamos por la salud;
de la ofensa al perdón,
de la soledad al amor,
de la alegría a la gratitud,
del dolor a la compasión.
Y la aflicción del entendimiento,
del temor a la fe;
de fracaso en fracaso
hasta que al volver la vista atrás
o ver hacia adelante,

nos damos cuenta de que la victoria no se encuentra
en las alturas a lo largo del camino,
sino al haber realizado el viaje, paso a paso,
como un sagrado peregrinaje.
Nacer es un comienzo,
y morir, un destino,
pero la vida es un viaje,
un sagrado peregrinaje
a una vida eterna.

LA OSCURIDAD DEL DOLOR

ಙ

Con piedras de agonía desnudas
me construiré una casa.
Como albañil solitario
la alzaré, piedra por piedra,
y cada piedra donde he sangrado
mostrará su mancha roja.
No he caminado en vano
porque tengo la bondad de mi dolor.
Haré la silenciosa casa de mi espíritu
con las piedras desnudas que pisé
por caminos donde perdí de vista a Dios.

SARAH TEASDALE,
La casa de los espíritus

Alguna vez,
Alguna vez yo sabía quién era.
Alguna vez yo fui joven
Y cálida
Y sabía que Dios era bueno
Y la vida era buena.
Y ahora,
Ahora estoy perdida
Y corriendo
Porque ya no puedo fingir

ser parte de un mundo
en el que alguna vez viví.

GAIL KATZ,
Diary of a young widow

Uno de los libros que más me han conmovido sobre el tema del dolor, es el escrito por Stephanie Ericsson. Ella escribió *Companion Through the Darkness: Inner Dialogues on Grief*, poco tiempo después de que su marido muriera inesperadamente, al tiempo que ella estaba embarazada, esperando el primer hijo de la pareja. La mayor parte del libro es una crónica dirigida a su marido en la que relata su viaje a través del dolor.

En un pasaje de su libro ella manifiesta su angustia:

¿Qué hay que decir del dolor? El dolor es un maremoto que te sorprende, te aplasta con una fuerza inimaginable, te arrastra hacia la oscuridad, donde tropiezas y chocas contra superficies no identificables, sólo para luego ser lanzado en una playa desconocida, lastimado, deshecho.

El dolor es no poder ser capaz de leer más de dos frases sin interrumpir. Es ir a una habitación con una intención que de repente desaparece. El dolor es sudor a las tres de la mañana que no para. Son domingos terribles y lunes que no son mejores. Te hace buscar un rostro en una multitud, a sabiendas que el rostro que queremos, no se puede encontrar en esa multitud. El dolor es una absoluta soledad que destruye la mente más racional y lleva a lo fantasmagórico. Te hace levantarte de repente a la mitad de una junta y salir, sin decir una palabra. El dolor hace que lo que los demás piensan de ti sea irrelevante. Despoja de máscaras a la vida normal y fuerza a que salga de tu boca una verdad, antes que puedas detenerte. Aleja a los amigos, espanta a los llamados amigos y rescribe tu agenda por ti.

El dolor te hace reír en la cara de la gente que se queja de banalidades. Le dice al mundo que eres intocable en el preciso momento en el que el tocar es el único contacto que podría alcanzarte. El dolor no discrimina a nadie. Mata. Mutila. Y debilita. Son las cenizas de donde emerge el fénix y el valor del renacimiento. Devuelve la vida a los muertos vivientes. Enseña que no hay nada absolutamente cierto o falso. Asegura a los vivos que no sabemos nada cierto. Humilla. Oculta. Denigra. Ilumina. El dolor hará de ti una persona nueva, si no te mata en el proceso. [Harper Perennial, NY, 1993]

Si te ha tocado vivirlo, si te ha tocado realizar el viaje, seguramente no sólo te podrás identificar con la autora, también incluirás tus pensamientos del proceso que has vivido. Sí, el dolor es todo esto y es también una profunda y absoluta soledad. Pero la ironía de esta soledad es que el dolor es universal y, por lo tanto, tarde o temprano, todos debemos realizar el viaje a través de la soledad del dolor. Y por ello es un proceso. Si logras llegar a tu meta, hará de ti una nueva persona.

Debemos aceptar que no podremos salir de esa oscuridad que sentimos dominar nuestra vida, sin antes estar dispuestos a sumergirnos por completo en ella. Eso exige que nosotros comencemos a caminar en la oscuridad, buscando la salida de ese túnel que nos parece infinito. Sabemos del peligro, lo sentimos en nuestra adrenalina. Pero no hay elección posible. Simbólicamente debemos entregarnos a la muerte para poder vivir.

Recuerdo un bellísimo texto escrito por el gran teólogo Soloveitchik, que refuerza el pensamiento y el sentimiento de Ericsson. Él lo escribió como una reflexión ante el dolor y la tristeza que vivió por la muerte de su esposa.

Al paso de los años, un hombre acostumbra a llegar a su casa, luego de un día de trabajo. Sube los pocos escalones frente a la puerta, como los ha subido por años. Toca el timbre como de costumbre y espera escuchar, como siempre, los pasos suaves del otro lado de la puerta. Él espera, pero los pasos nunca se escuchan y nunca llegan. Pone su mano en el bolsillo, saca la llave y abre la puerta. Parece ser la misma puerta y los mismos muebles. Todo está limpio y en su lugar, como siempre. Sin embargo, algo ha cambiado. Todo parece estar en el modo exacto como antes de que saliera de su casa. Todo está igual, sólo que no hay nadie esperándolo. Alrededor hay un espacio y un silencio, que a veces es peor que los llantos angustiosos del corazón. Y repentinamente, el luto envuelve todo su ser. Y el llanto suplanta la risa y la soledad ocupa todo el espacio.

Al leer estas emotivas palabras, no podemos dejar de transportarnos a nuestra experiencia personal. Evocamos, por medio de la memoria de nuestro corazón, cómo era todo antes de aquel momento en que partieron nuestros seres queridos. Recordamos cómo eran, que era lo que más queríamos o admirábamos de ellos. Y volvemos a descubrir la última soledad: la del amante sin el amado, los hijos sin sus padres, el padre sin sus hijos. Reconocemos que estamos incompletos, porque una parte de ti se ha ido y ha dado lugar a un dolor que te asfixia.

Pero debemos encontrar la fuerza de declarar que a pesar de ese dolor, de la ausencia y del silencio, la vida debe seguir adelante. Que la vida continúa y puede ser buena, no porque los hayamos olvidado; justamente lo contrario. Porque hemos elegido recordar. Recordar sus cualidades y defectos, sus ideas e ideales, su amor.

Y se quedan con nosotros en vida, tal como nosotros nos quedamos con ellos en la muerte.

Y entregados a la muerte buscamos recuperar la vida. Desde esa oscuridad que nos domina, comenzamos a entender que el tiempo solo, no cura. Es la lealtad a la vida la que cura. Y cuando seamos presa de la desesperanza, de la oscura soledad, debemos recordar que *el momento más oscuro de la noche, se da, exactamente, en el instante previo al amanecer.*

SE FUE DEMASIADO RÁPIDO

෨

"Se fue demasiado rápido".

Un pensamiento que cruza la mente de todos. No importa si estamos hablando acerca de la muerte de alguien de 20 ó 70 años, o de alguien de cinco ó 50 años. Para aquellos que aman siempre es demasiado pronto. Demasiado pronto para dejar ir. Demasiado pronto para decir adiós. Demasiado pronto para decir "esta vida ha terminado, y no hay más".

Tales sentimientos solamente señalan lo preciosa que es la vida y la necesidad del espíritu humano para amar y ser amado. Porque lo que se agarra fuertemente, no se deja ir fácilmente. Pero debemos soltarlo. Sin aceptación no podemos seguir adelante. Nos encontraremos siendo empujados por los dolorosos pensamientos de culpa y pesar, más que animados por pensamientos gentiles y recuerdos agradecidos de una vida bien vivida.

Sin embargo, con frecuencia me he encontrado con individuos —y no solamente individuos que han experimentado una "pérdida repentina", sino con gente que, en teoría, ha tenido "tiempo para prepararse" —para quienes la pérdida de sus seres queridos resulta tan abrumadora que es todo en lo que pueden pensar y todo lo que pueden sentir. Es casi como si se permitieran a ellos mismos dejar de sentir, y sólo así pudieran aceptar la muerte de su ser amado. Y eso no deben hacerlo. Ante su dolor, podríamos preguntarles para estar seguros: "¿ha muerto tu padre?". Su respuesta sería "sí", en un tono silencioso y apagado.

Pero sus corazones no los dejarán aceptar la muerte sin finalidad. Habiéndose ido demasiado pronto como para aceptarlo, se encuentran a sí mismos negando la muerte de aquél a quien aman.

En la superficie podemos decir: "está bien. Cada uno atraviesa el dolor a su propio modo. A algunos les toma una semana o unos cuantos meses. A mí tal vez me tome un par de años".

La Biblia enseña sabiamente que hay un tiempo para todo. Hay un tiempo para sufrir y llorar, pero también hay un tiempo para levantarse nuevamente y vivir.

Todos necesitamos tiempo de duelo, aunque conocemos muy bien a los individuos cuyos sentimientos de pesar les han obstaculizado vivir sus vidas. Si vemos más allá del velo de las explicaciones a medias, encontraremos un grito pidiendo ayuda y entendimiento. "Quiero aceptar su muerte. Realmente lo deseo. Pero no puedo. Es demasiado doloroso. Deseo tanto compartir una plática más, otra cena en un restaurante, otra risa, un llanto profundo… Hay tanto que quedó sin hacer y decir…".

Con frecuencia la gente busca reconfortarnos con el *cliché* de que "el tiempo cura todas las heridas". La realidad es que el *tiempo* es neutral. No es el *tiempo* en sí el que cura, sino lo que hacemos con nuestro tiempo.

Según he visto a través de los años, uno de los principales obstáculos para curar el dolor es el enojo. El enojo por haber sido abandonado. Frecuentemente escucho exclamaciones similares a esta: "¿cómo pudo mi esposo dejarme aquí sola, si él sabe que lo necesito tanto?

El enojo de recriminarnos a nosotros mismos: "si solamente lo hubiese llevado al doctor un poco antes, aún estaría vivo". El enojo de culpar a nuestros seres amados: "¿por qué no te cuidaste mejor? ¿Por qué tenías que fumar? ¿Por qué no fuiste al doctor? ¡Tenías que ser tan terco y mira lo que ha sucedido!" Y el enojo de que nuestro ser amado nos deje, simplemente demasiado pronto, demasiado pronto para que aprendiéramos a decir *adiós*.

Con frecuencia he escuchado a la gente decirme: "Estuve con mi esposa toda la noche. Nunca me alejé de su lado. Quería que supiera que cuando muriera, no estaría sola. Pero el cansancio me venció y me fui a casa a descansar. Entonces llamaron del hospital. No tuve oportunidad de decirle adiós".

¿Alguna vez te detuviste a pensar que aun cuando buscaste estar junto a tu esposa, ella quería evitarte el dolor de verla morir? Le dijiste adiós a través de tu amorosa presencia, y ella te dijo: "estoy en paz ahora".

El enojo adquiere muchas formas y se expresa de muchas maneras. Pero a menos que examinemos nuestros sentimientos y enfrentemos esa ira, habrá poco lugar para la fuerza, el coraje y el amor que necesitamos para decir adiós. ¿Cómo podemos hacer esto?

Primero, encontrar amigos compasivos y miembros de nuestra familia que están dispuestos a escuchar, no a dar consejo. Personas que no traten de hablarte a la fuerza de lo que les sucedió a ellos sino gente que sea capaz de darte lo que necesitas: un oído al que le importe lo que escucha. Y también te invito, si es necesario, a acudir a un grupo de apoyo. Busca ayuda. Con frecuencia nuestro dolor es tan abrumador que sentimos que estamos solos en nuestra pena. Nunca estamos solos.

Segundo, liberar tu enojo y detener la culpa. Deja de culparte a ti mismo por lo que podrías o deberías haber hecho. Deja de culpar a tu ser amado por lo que él o ella pudieron haber hecho. Y deja de culpar a Dios. Todos tenemos *esqueletos* en nuestros closet, cosas que hemos hecho de las que nos sentimos culpables. Pero si sentimos que Dios nos está castigando por nuestras malas acciones, entonces todo lo que nos queda son sentimientos airados contra un Dios cruel y castigador. Ese no es el Dios en el que yo creo, ni el Dios que puede ayudarnos con su amor y compasión cuando más lo necesitamos.

En una ocasión, después de los servicios religiosos, una mujer se me acercó. Dijo que mis palabras le habían ayudado mucho. Meses antes, los médicos le diagnosticaron cáncer y tuvo que operarse. En su dolor, había culpado a Dios. Después, ella mencionó que gradualmente se había dado cuenta de que Dios no tenía nada que ver con su enfermedad. Pero si abría su corazón, Dios podría ayudarla a través de su recuperación. Se dio cuenta de que este no era el momento de rechazar a Dios, sino de abrazar a Dios.

Debemos dejar que el dolor se presente. El dolor es parte de la psicología del ser humano y es necesario dejar salir nuestras emociones. Llorar hasta reír, cantar lo malo y lo bueno hasta encontrar la ternura de lo bueno. No obstante, nuestro dolor estará siempre con nosotros.

Hay dos actitudes o actividades que podemos adoptar para ayudarnos a través de nuestro propio dolor. La primera *es estar ahí para alguien más*. El dolor es un gran maestro cuando nos envía de regreso a servir y bendecir a los vivos. Aprendemos cuándo asesorar y reconfortar a aquellos que, como nosotros, están quebrados por la pena. Aprendemos cuándo guardar silencio en su presencia, y cuándo una palabra los hará asegurarse de nuestro amor y preocupación. Al entregarnos a otros en el momento de su necesidad, también nosotros encontraremos alivio.

La segunda actitud es permitirnos vivir libres, sin culpa, sin arrepentimiento y sin tratar de remendar el pasado. Fue Kierkegard quien escribió: "la vida solamente puede entenderse mirando hacia atrás". Y agregó: "pero debe vivirse hacia delante." Él enseñó una verdad esencial. La vida puede y debe caminarse hacia adelante. La vida no puede vivirse hacia atrás, porque esa no es la vida. Sí, hay momentos difíciles y pensamientos difíciles. "¿Por qué me piden que baile?... Cuando mi esposo estaba vivo, él adoraba bailar y ahora ya no está conmigo." O bien: "¿cómo puedo irme de viaje?... Cuando mi esposa estaba viva nunca logramos viajar. ¿Cómo puedo hacerlo ahora?".

¿Cómo? ¿Por qué? La respuesta es: porque la vida está hecha para vivirse. Vivirse completamente. Libremente. Y con todo el vigor que podamos soportar. Nadie está realmente solo. Aquellos que ya no viven, aún resuenan dentro de nuestros pensamientos y palabras. Y lo que hicieron es, en buena parte, en lo que nos hemos convertido. Proveemos mejor hogar a nuestros muertos cuando vivimos nuestra vida de manera más completa, aun a la sombra de nuestra pérdida. Podemos crecer con ellos, cuando los dejamos ir. Tarde o temprano, las buenas personas, en todas partes, deberán enfrentar la angustia de separarse de un ser amado. No hay excepciones.

Sabemos que los astrónomos pueden predecir cuál será la posición de cada planeta en el cielo en cualquier momento específico del futuro, pero nuestros asuntos humanos no son predecibles. Nunca podemos estar seguros de lo que cualquier día nos aguarda. Sin embargo, hay una cosa que sí sabemos: tenemos opciones. Cuando la pena golpea, tenemos la opción de hacernos *mejores* o *más amargos*.

Depende de cada uno de nosotros. Podemos culpar a nuestra suerte y disminuirnos como personas. O utilizar el tiempo para crecer en la compasión y tener aprecio por todo lo que la vida ofrece. Tenemos la capacidad, como lo escribieron los salmistas, de "pasar a través del valle de lágrimas y convertirlo en una fuente que proporciona vida".

Puede que nuestros seres amados nos hayan dejado demasiado pronto, pero sus recuerdos y su amor está siempre con nosotros. Abramos nuestros corazones a todo lo bueno que había en su vida y permitamos que su bondad nos bendiga y nos sostenga.

EN MUCHOS HOGARES

ಲ

Anónimo

En muchas casas
al mismo tiempo
veo a mi madre y a mi padre
y ellos son jóvenes
y están entrando.

¿Por qué debo
llorar mis lágrimas,
para verlos reírse?

Que ellos no
puedan verme
no es el tema:

alguna vez yo fui
su sueño,
ahora,
ellos son el mío.

¿POR QUÉ SUFREN LOS BUENOS?

&

Harold S. Kushner

¿Por qué las cosas malas le pasan a la gente buena? ¿Por qué, si hay un Dios en el mundo, hay tanto sufrimiento, tanta injusticia? Tal vez no haya lugar en todo el mundo en donde esta pregunta se deba hacer tanto como en la ciudad de México, debido a la terrible tragedia ocurrida aquí hace dos meses.* Y todo el dolor, muerte y sufrimiento que causó, y porque muchos recuerdan que hace casi exactamente un año ocurrió otro gran desastre que se llevó cientos de vidas. ¿Cómo pueden suceder tales cosas en el mundo de Dios? ¿Por qué los niños y las personas buenas y piadosas, los hombres y las mujeres tienen que morir así?

Durante muchos años me enfrenté a esta pregunta como rabino en una congregación en Boston, en Estados Unidos. Estaba satisfecho pues sabía que aun cuando no podía entender el sentido de lo que sucedía en el mundo, Dios sí podría entenderlo. Me dije a mí mismo que Dios tenía *sus razones y sus maneras* para comprender las cosas que les sucedían a sus hijos en la Tierra. Pero cuando los doctores nos dijeron que nuestro hijo de tres años sufría una enfermedad extraña llamada *progeria* —nunca crecería más allá del tamaño de un niño de tres años—, y que moriría de un ataque cardíaco en la adolescencia, traté de entender precisamente eso. Trataba de reconfortarme con las mismas palabras que solía yo decirle a los miembros de mi congregación, y me di cuenta de que no eran reconfortantes.

Gente bien intencionada se sentaba con nosotros y trataba de ayudarnos, diciendo las cosas piadosas y usuales que se suelen decir. Nos decían:

---

* Se refiere al temblor en la ciudad de México el 19 de septiembre de 1985.

"si son personas religiosas, no deben cuestionarse los modos de Dios. Se aceptan con fe". Pero yo estaba lleno de preguntas, dolor, ira y confusión. Y no quería que me dijeran que no tenía derecho a cuestionar lo que le estaba sucediendo a mi familia. Nos dijeron: "es precisamente porque son tan fuertes en su fe que Dios los está probando de esta manera. Él sabe que ustedes pasarán la prueba y serán fuente de inspiración para muchas otras familias". Y todo lo que yo podía pensar en ese momento era: "desearía ser menos religioso en este momento. Que Dios haga un ejemplo con alguien más, y me permita a mí tener un hijo sano".

Ninguna de las sugerencias me hacía sentir mejor; todas estaban hechas no con la intención de reconfortarnos a mi esposa y a mí, sino para entender y justificar a Dios, para decirnos que no teníamos ni razón ni derecho de enojarnos porque, indudablemente, Dios tenía buenas razones para enviarnos ese sufrimiento. Y me gustaría pensar que si pudiera pedirle su opinión a Dios, me diría: "olvídate de mí y mi reputación. Yo puedo cuidarme a mí mismo, pero no puedo traer paz y resignación a mis lastimados hijos en la Tierra".

La conclusión a la cual llegué, como lo señalo más ampliamente en mi libro *Cuando las cosas malas le pasan a la gente buena*, es que no todo lo que sucede en el mundo es voluntad de Dios. ¿Qué clase de Dios quiere niños enfermos y muertos? ¿Qué clase de Dios quiere múltiples familias enterradas vivas después de un gran terremoto? ¿Cómo puede alguien decir que las personas que sufren y mueren en este mundo son hacedores del mal, y que se merecen lo que les sucede? Y si no lo merecen, ¿por qué insistimos en enseñar que un Dios justo hace que esto les suceda? Si me fuerzan a elegir —cuando veo todas las terribles cosas que suceden a nuestro alrededor— entre un Dios que no es bueno ni justo, o entre un tipo de Dios bueno y justo que no es todopoderoso, que controla algunas cosas pero no otras, ¿cuál es la respuesta más religiosa? ¿Cuál será el mayor valor religioso? ¿Acaso ser tan poderoso que pueda uno romper las reglas y hacer cosas malas sin que nadie nos detenga? ¿Ese es el tipo de Dios que adoramos? ¿O estar totalmente dedicado a la bondad, al bien y a la justicia aun cuando no siempre puedes hacer que sean una realidad?

Un ministro cristiano en el estado de Nebraska leyó mi libro y me escribió una carta en la que me contó la siguiente historia: él había tenido que oficiar un sábado por la tarde en el funeral de un hombre de 26 años que había fallecido en un accidente automovilístico. El hombre debía haberse casado ese mismo día. En la misma iglesia, en el mismo día, casi a la misma hora en la que su boda estaba programada, se realizó su funeral. Lo enterraron en el patio de la iglesia. El ministro regresó más tarde a su oficina, la prometida del hombre le estaba esperando. Ella le dijo: "pastor, si una persona más me dice 'era la voluntad de Dios', voy a gritar. ¿Por qué me están enseñando a odiar a Dios?".

Ese es el sentimiento que trasmitimos cuando insistimos que cada tragedia en la vida es voluntad de Dios. Enseñamos a la gente a odiarse a sí mismos por merecerlo, o a odiar a Dios por hacérselos cuando no se lo merecen.

¿Qué hace que sucedan estas cosas? ¿Qué es lo que podría causar que algo suceda si Dios no lo quería? Algunas veces creo que las cosas malas le suceden a la gente buena porque las leyes de la naturaleza no distinguen entre una persona buena y una mala. Una roca que cae no tiene modo de saber sobre quién lo va a hacer. ¿Esa persona merece ser golpeada por una roca o no? Los gérmenes patógenos no distinguen entre qué persona merece estar enferma y cuál no. Y si tratas de cruzar rápidamente una avenida muy transitada, el hecho que seas una persona amable y que tengas una buena razón para cruzar apresuradamente no evitará que te atropelle un coche. Yo creo que Dios creó el mundo, pero que, cuando lo hizo, dejó una bendición que sólo compartió con ustedes y conmigo, y es la habilidad para distinguir la diferencia entre el bien y el mal. Los seres humanos tienen esa capacidad; las rocas que caen y las balas, no.

No puedo aceptar la idea que el temblor de septiembre de 1985 fuera un acto de Dios, para mí fue un acto de la naturaleza ciega y amoral. La naturaleza puede ser muy bella, aunque muy cruel, porque no tiene sentido del bien y del mal. Pero el esfuerzo de las personas de estar día y noche cavando a través de los escombros por si alguien pudiera estar todavía vivo debajo de ellos, ese sí es un acto de Dios. Que se caiga una criatura a una alberca y se ahogue no es un acto de Dios. Pero que la gente, los amigos y los vecinos acompañen a los desconsolados padres en su dolor y que los hagan sentir bien y que no están solos, eso sí es un acto de Dios.

Algunas veces las personas sufren porque los seres humanos tienen que ser libres para elegir si quieren ser buenos o malos. Debemos escoger si queremos utilizar nuestro tiempo e inteligencia para ayudar o para lastimar a otras personas. Dios nos deja libres para elegir, aun cuando él sabe el peligro que esto representa para su mundo, porque sin esa elección, no seríamos realmente humanos. Seríamos robots. Algunas veces utilizamos esa libertad erróneamente. La usamos para lastimarnos a nosotros mismos. Y cuando eso sucede, tengo que creer que Dios llora a pesar de que nosotros seamos los responsables.

Entonces ¿qué es lo que hace Dios si él no manda estos desastres como pruebas o castigos? Creo que hace tres cosas para ayudarnos. Primero, nos da leyes naturales que no cambian. Un día comprenderemos qué causa los temblores y entonces ya no tendremos que preguntarnos "¿por qué permite Dios que sucedan estas cosas?" Curaremos las enfermedades, no rezándole a Dios para que nos mantenga a salvo, sino aplicando la inteligencia que Dios nos otorgó para resolver el problema, hasta encontrar una cura.

Pero más importante aún es ¿qué hace Dios por la gente que ha sido lastimada por la vida y que sabe que no se lo merece? En mi libro, cito a un rabino jasídico del siglo XIX, el cual dijo en alguna ocasión: "los seres humanos son el lenguaje de Dios". Dios responde a nuestras plegarias enviándonos doctores y enfermeras para hacernos sentir mejor, amigos y vecinos para que se sienten con nosotros y nos reconforten. Podemos creer que Dios es nuestro amigo y no nuestro juez, porque la gente viene hacia nosotros cuando necesitamos ayuda, no para juzgarnos y decirnos que debíamos haber hecho algo para merecerlo, sino para ayudarnos a sentir mejor. Viene a colación una historia que me gusta contar: la de un niño pequeño cuya madre lo envió a un mandado y le tomó mucho tiempo regresar a casa. Cuando finalmente regresó, la madre le preguntó: "¿en dónde andabas? Estaba preocupada por ti". A lo que su hijo contestó: "a un niño de la cuadra se le rompió su bicicleta y lloraba porque no la podía componer. Me dio tristeza y me detuve a ayudarlo". La madre le preguntó: "¿y tú sabes cómo arreglar una bicicleta?". El niño contestó: "no, pero me senté junto a él y lo ayudé a llorar". Cuando las cosas están tan rotas y nadie las puede arreglar, siempre hay algo que podemos hacer: sentarnos y ayudar a la gente a llorar, para que no lloren solos.

Por favor, entiendan algo muy importante: cuando una persona ha sido lastimada y grita: "¿por qué yo? ¿Por qué me sucedió esto a mí?", no formula una pregunta. Suena como una pregunta, pero es realmente un grito de dolor. Y ayudamos a la persona que grita: "¿por qué yo?" no cuando contestamos a su pregunta, sino cuando la ayudamos a aliviar su dolor. Las personas que están sufriendo quieren consuelo, no explicaciones. No desean que se les diga que estarán mejor por lo que pasó. Quieren sentirse seguros de que son buenas personas, que nos preocupamos por ellos, que no los rechazaremos porque vemos su dolor como el castigo de Dios. Podemos creer en un Dios que nos ama y sufre con nosotros, porque vemos a las criaturas de Dios como personas, que son el idioma de Dios, que vienen a nosotros con amor y sufren con nosotros.

Y finalmente, pero quizá lo más importante, es entender que Dios no manda el problema, la enfermedad o el accidente. Dios nos manda la fuerza y la fe para sobrevivir a la enfermedad o el accidente. Más fuerza, más fe de la que nunca hemos tenido jamás. La pregunta real no es "¿por qué sufren los buenos?". "¿Por qué?" es una pregunta que se enfoca hacia el pasado, y mientras más tiempo nos sentemos a ver el pasado, más impotentes nos sentimos. Porque no importa lo listos que seamos, y no importa lo religiosos que seamos: no podemos cambiar el pasado. Es demasiado tarde; ya ha sucedido. Así que en vez de preguntar "¿por qué?", "¿de quién es la culpa?", "¿qué podría yo haber hecho diferente?", hagamos la pregunta que mira hacia el futuro: "¿qué hago ahora? ¿En dónde encuentro la fuerza y la esperanza para continuar?". Y allí es donde entra Dios.

Puedo creer en Dios en un mundo donde tantas cosas terribles suceden a diario porque continuamente veo a personas ordinarias haciendo cosas extraordinarias. Veo a personas comunes hacerse súbitamente capaces de grandes actos de amor, valor y fuerza cuando tienen que hacerlo. Las personas que han leído mi libro o me han escuchado, frecuentemente me preguntan si creo en milagros; mi respuesta es sí, por supuesto que creo en milagros. Pero únicamente creo en grandes milagros, no en los pequeños. Pequeños milagros como la separación del Mar Rojo o el hacer que se detenga el Sol, no, eso no me impresiona. ¿Saben ustedes qué es realmente un milagro? Cuando las personas débiles se tornan fuertes, cuando las personas tímidas se hacen valientes, cuando los egoístas se vuelven generosos. ¡Eso es un milagro! Solamente Dios puede hacer que esto suceda. Cuando alguien a quien amas está muy enfermo y rezas para que se recupere, pero no sucede así y muere, ¿dices que no hubo milagro allí? ¿O el milagro puede ser no que el paciente sobreviva, sino que la familia sobreviva aun después de una tragedia como esa? Que sobreviva su fe en Dios y en el mundo tal vez sea el milagro. Cuando una persona ha sido seriamente lastimada por la vida, cuando todo lo que consideras precioso para ti te es arrebatado pero no te das por vencido y encuentras el valor para seguir viviendo aún en un mundo injusto, ese es el milagro. Eso para mí, es la prueba de Dios: que tantas personas ordinarias puedan sufrir tanto y todavía tengan ganas de seguir viviendo, diciendo que la vida vale la pena, sosteniendo los recuerdos, incluso si son dolorosos.

Esto, creo yo, es lo que el profeta Isaías quiso decir cuando escribió (Isaías 40:31): "Aquellos que confían en el Señor tendrán su fuerza renovada. Subirán con alas como águilas. Correrán y no se cansarán. Caminarán y no desmayarán".

NO EXISTE LA MUERTE

ജ

Anónimo

Existe un plan mucho más grande que el plan que conoces,
existe un paisaje más amplio que el que ves.
Existe un cielo donde pueden ir las almas que arroja la
tormenta,
tú la llamas muerte, nosotros, inmortalidad.

Tú le llamas muerte, el sueño que parece eterno.
Nosotros lo llamamos nacimiento, el alma al fin libre
ni el tiempo ni el espacio la entorpece —tú lloras
¿Por qué lloras en la muerte?
Es inmortalidad.

Adiós querido viajero —no pasará mucho tiempo.
Tu trabajo está hecho —ahora, que en paz descanses.
Tus buenas acciones y pensamientos continuarán viviendo.
Esto no es muerte,
es inmortalidad.

Adiós querido viajero, el río avanza continuamente
la cadencia de tu canto flota cerca de mí
y ahora sabes lo que todos los hombres aprenden,
no existe la muerte,
existe la inmortalidad.

"¿POR QUÉ YO, POR QUÉ CUALQUIERA?"

✍

¿Por qué yo, por qué cualquiera? es el título del libro que escribió Hershel Jaffe, en coautoría con James y Marcia Rudin. Al rabino Jaffe, devoto del atletismo y considerado fanático de la salud entre sus colegas, le diagnosticaron leucemia a la edad de 46 años. En una fase temprana de la enfermedad, al comenzar a enfrentar su miedo a la muerte, escribió: "¿cuánto tiempo más viviré? Cuando le pregunté al hematólogo ¿cuánto vive la gente con esta enfermedad?, respondió: seis meses, dos años, diez años. En realidad no se sabe. Alguien me preguntó esta tarde si siento que Dios me está castigando y si estoy enojado con Él. Ahora que me encuentro solo y la noche es tan larga y solamente yazgo aquí esperando llegue el amanecer, me pregunto por qué me ocurre esto a mí. ¿Acaso me lo merezco? ¿He hecho algo malo o he sido una mala persona? ¿Estoy siendo castigado? ¿Por qué yo? ¿Por qué estoy siendo afligido yo, que soy un rabino, que trato de ayudar a la labor de Dios y a que la gente viva mejor? ¿Es esta la recompensa que recibo? Esta enfermedad interfiere con mis metas. ¿Acaso Dios no quiere que las logre? Entonces, ¿por qué puso un obstáculo tan difícil en mi camino? No lo entiendo".

¿Dónde encontramos esperanzas, fuerzas o significados, cuando nos sentimos tan solos? ¿Cómo encaramos nuestros sentimientos de que Dios nos ha abandonado? ¿Qué podemos decir ante esta terrible soledad?

Algunos dirían: "aíslate, trasciende el dolor". Otros reaccionan opuestamente y se dejan llevar por la desesperación. Otros creen que para cada dolor debería haber una píldora que lo combata.

¿Cuál es la respuesta más apropiada a esta cuestión?

Ciertamente no es el aislamiento ni la desesperación. Tampoco debemos creer que la vida no tiene sentido ni debemos huir del dolor. Entonces, ¿cómo resolvemos el problema de la parálisis y la aparente insignificancia de la vida cuando sufrimos, ya sea de enfermedad o de la pérdida de un ser amado?

Pienso que la respuesta se divide en dos partes. La primera es casi paradójica, pero es la verdad más importante del mundo. Culpamos a Dios por nuestro dolor, nos sentimos abandonados, sentimos que nos está tratando injustamente; sin embargo, al mismo tiempo, es precisamente la fe la que da sentido a la vida. Es Dios quien nos ayuda a sobrepasar la desesperación. Piensen en el estado emocional del salmista bíblico, quien escribió: "levanto mis ojos a las montañas y pregunto de dónde viene mi ayuda". Él está desesperado y solo. Y su respuesta es: "nuestra ayuda viene de Dios".

Hay un relato que nos cuenta que Rabí Yohanán, el gran sabio talmúdico, se enfermó y un colega lo visitó. Cuando estaba por irse, Rabí Yohanán le dijo: "dame tu mano". El visitante le dio la mano. El Talmud cuenta que Rabí Yohanán se curó en ese momento porque, así como el prisionero no se puede liberar de la prisión, de la misma manera el paciente no se puede liberar de la enfermedad sin ayuda externa.

Yo creo que tal vez aquí es donde Dios interviene. Está presente en el amor y la preocupación de la gente. Trata de ayudarnos a enfrentar nuestro destino y a aceptarlo. Dios está en el poder del amor, en el poder de la plegaria, el poder de la fe humana, el poder de la bendición. Lo que la muerte significa para nosotros depende de lo que la vida signifique para nosotros. Si creemos que la vida es un drama inconsecuente, un entretenimiento sin sentido, entonces la muerte solamente es el telón que cae en el último acto. Cuando vivimos de tal manera que demostramos que la vida es la creación de un Dios benevolente, entonces la muerte es un retorno al Creador. Podemos encontrar significado ante la desesperación a través de nuestra fe en Dios.

Y hay una respuesta final a la búsqueda de significado cuando nos enfrentamos a la enfermedad y a la muerte. Es cierto que nuestro fin será igual que el de las demás criaturas. El secreto consiste en entender que la gran diferencia no está en saber que vamos a morir y en cómo moriremos, sino en cómo vivimos. Podemos enfrentar la muerte y la pérdida de nuestros seres queridos más fácilmente cuando sentimos que ellos y nosotros hemos vivido realmente. Entonces, podremos afirmar al final de nuestros días, y de los días de nuestros seres queridos, que nuestra vida ha sido significativa.

LO QUE LA MUERTE NO
NOS PUEDE QUITAR

౮

Anónimo

La muerte ha extendido su sombra sobre este hogar
y nos ha entristecido profundamente.
Una voz se ha acallado, un corazón se ha detenido,
se ha ido la risa, la alegría ha escapado.
El calor y la luz de la presencia del ser amado se han
desvanecido;
la cadena del amor ha perdido un eslabón vital.
La muerte se ha llevado un tesoro;
y ha traído dolor, soledad y pena.
Y, sin embargo, hay tanto que la muerte no puede alcanzar,
tanto sobre lo cual no tiene dominio.
No nos puede quitar nuestro pasado:
los años, los sueños, las experiencias que compartimos.
No nos puede quitar el amor que conocimos;
Porque está hilado al tapiz de nuestras vidas.
Continuaremos apreciando las lecciones que aprendimos,
nos aferraremos a la sabiduría que continúa viviendo.
Siempre poseeremos lo que hemos tenido.
Siempre amaremos lo que hemos conocido.
La muerte no nos puede quitar nuestra confianza:
Dios nos dará fuerzas para soportar lo que debemos enfrentar.
No nos puede quitar el sostén en nuestra esperanza

de que la oscuridad será vencida por la luz y las heridas
sanarán.
La muerte no nos puede quitar la fe consoladora
en que para Dios cada alma es preciada; ninguna se pierde.
Así, aun en la tristeza, te agradecemos, Dios,
por nuestros recuerdos y nuestras esperanzas,
por nuestra confianza y nuestra fe.
Porque creemos que estos nunca se perderán;
la muerte no nos puede quitar esto y mucho más.

LA MUERTE ES PARTE DE LA VIDA

&

> La muerte es el hecho más profundo
> y significativo de la vida;
> Eleva aun al último de los mortales sobre
> la semioscuridad
> y la banalidad de la vida.
> Y el solo hecho de la muerte,
> coloca la pregunta del significado de la vida
> en toda su profundidad.
> El significado está ligado con el final.
> Y si no hubiera final,
> la vida no tendría ningún significado…

> NICOLAI BERDYAEV,
> teólogo ortodoxo ruso

Para poder empezar a entender la vida, debemos comenzar con el entendimiento que hay un final. O de una manera más directa, para empezar a entender mi vida, debo comenzar comprendiendo mi muerte. No la muerte en un sentido abstracto, sino mi muerte. Porque yo creo que el contemplar mi muerte puede ayudar muchísimo a entender el sentido de mi vida. Saber que la vida es finita, le da el sentido de entendimiento y urgencia a cada día, a cada momento. En las palabras de Kubler-Ross, "*la muerte es la llave para abrir la puerta de la vida*".

Una de mis imágenes favoritas de la muerte proviene de la película de Monty Python, *The Meaning of Life*. No se si esta escena pasará la prueba del tiempo como el *Réquiem* de Mozart. En medio del humor, la escena ciertamente presenta una imagen clásica de la muerte. Comienza en un lugar ventoso y desolado; la cámara enfoca una alta figura solitaria, un esqueleto apenas cubierto por un ropaje negro, sosteniendo una guadaña: la Muerte. Camina hacia una casa y golpea la puerta con su guadaña. El inglés que abre la puerta ve la herramienta y dice: "¿se trata de la cerca?" "No, yo soy la Muerte". El inglés se vuelve a los invitados reunidos para la cena y anuncia: "es un tal Muerte, y está aquí con la segadora". Por cortesía, el grupo de ingleses y americanos le pide a Muerte que se quede a cenar con ellos. La Muerte trata de explicar quién es ella y que viene para llevárselos. Finalmente, para llamar la atención del grupo, rompe algunas de las copas de vino. Señalando lo que parece ser un salmón en mal estado dice: "todos ustedes están muertos".

"Bueno, eso nos entristece la velada", responde una persona. Otra se levanta y le increpa: "mira, irrumpes aquí sin estar invitada, rompes nuestras copas y luego nos dices como de pasada, que estamos todos muertos." La Muerte sienta al hombre de un empujón. La mujer que cocinó el salmón sigue murmurando lo apenada que está. El hombre americano trata de dar discursos. Finalmente, la Muerte los convence de que están todos muertos y que deben seguirla. Caminando detrás de la Muerte y aún cargando algunas de las copas de vino intactas, uno de ellos dice: "¿nos llevamos nuestros carros?"

La escena termina con ellos manejando sus carros, siguiendo a la Muerte hacia una luz blanca y brillante. El rostro de la Muerte en esta escena es grosero, espantoso, una visita no invitada, una visita inesperada.

¡Ah, la muerte! Ella está tan segura de su victoria, que nos da toda una vida de ventaja.

Para algunos esa es la imagen "comercial" que tienen de la muerte, pero para otros, la muerte puede tener una sonrisa en el rostro, actuar con cortesía, hasta con misericordia, e invitarnos elegantemente a un carruaje cuando llegue nuestra hora.

Para mí, la muerte tiene muchos rostros.

Como el rostro de mi madre. Fue mi primera oscuridad de dolor. Y tiene el rostro de mi padre, poco tiempo después. Tiene el rostro de muchos amigos que han partido, y el de hombres, mujeres y niños de mi comunidad que he conocido y que he amado. Para otros podrá tener el rostro de una esposa o un marido, de un hijo o una hija, de un padre o madre, hermano, hermana, amigos. La muerte tiene muchos rostros.

Pero les confieso que con el tiempo, la muerte y yo nos hemos hecho amigos. Sí. La muerte es hoy una amiga. Es una constante compañía que me ayuda a buscar y resaltar lo mejor en cada persona, en cada momento, en cada recuerdo y especialmente, que me ayuda a buscar lo mejor de mí mismo. Es la que me hace recordar, volver a pasar por el corazón, a cada uno de esos rostros.

La muerte, con la apariencia de mi madre o de mi padre, en el rostro de mis amigos, me recuerda que debo dar urgencia a mi vida, me recuerda que debo estar agradecido por las bendiciones de cada día. Me recuerda que puede llegar en cualquier momento. La muerte me hace reflexionar en lo que hoy es verdaderamente relevante en la vida.

La muerte tiene para mí muchos rotros. Ellos son una parte inseparable de mí.

Y todos me alientan a ser y hacer, a superar el dolor y a buscar alcanzar mi paz de espíritu.

EL ALTO COSTO DE AMAR

&

Muchos viven creyendo que "las mejores cosas en la vida son gratis". Personalmente he tenido suficientes experiencias para aprender que algunas de las mejores cosas en la vida son dolorosamente caras. Con frecuencia parecen ser regaladas, pero cargan un precio invisible. El amor es una de ellas. Los que hemos perdido a seres queridos, hemos aprendido en nuestra pena que pagamos un enorme precio por el amor que dejamos fluir. Pagamos con la moneda del dolor, añorando, anhelando y extrañando. Duele mucho. La amarga verdad es que cada historia de amor tiene un final triste, y entre más grande el amor, más grande será la tristeza cuando este termina. Al amar a una persona damos un rehén a la fortuna. Cuando nos encariñamos con alguien, nos volvemos vulnerables a la desilusión y la angustia. Entonces, ¿cuál es nuestra opción? ¿No debemos permitirnos amar a nadie? ¿Nunca permitir que alguien nos importe? ¿Negarnos la más grande de las alegrías otorgada por Dios?

Incluso se puede mencionar una consideración más. Si algún ángel viniera a nosotros durante nuestro más profundo dolor, y ofreciera quitarnos toda la pena y melancolía, pero también todos nuestros recuerdos de los años y las aventuras que compartimos, ¿aceptaríamos el trato? ¿O consideraríamos esos recuerdos tan preciados, tan infinitamente queridos, que los tendríamos cerca de nuestros corazones y rechazaríamos comprar el consuelo inmediato al cederlos?

Una antigua leyenda griega hace referencia a esta opción. Cuenta que una mujer fue al río Estigia en donde Caronte, el gentil balsero, estaba listo para llevarla a la región de los muertos. Caronte le recordó que era su privilegio beber de las aguas del Leteo, y si así lo hacía, ella olvidaría por

51

completo todo lo que dejaba atrás. Ansiosamente respondió: "olvidaré lo que he sufrido". A lo cual Caronte le contestó: "pero recuerda: también olvidarás tus alegrías". Entonces dijo la mujer: "olvidaré mis fracasos". El viejo balsero añadió: "y también tus victorias". Nuevamente dijo la señora: "olvidaré cómo he sido lastimada". "También olvidarás cómo has sido amada". Entonces la mujer se detuvo a pensar la situación cuidadosamente. La historia termina diciéndonos que ella no tomó el agua del Leteo. Prefirió retener sus recuerdos, aun los de sus sufrimientos y penas, en lugar de ceder los recuerdos de sus alegrías y sus amores. Alguien escribió que "el no haber sufrido es no haber sido humano". El dolor pasa, los recuerdos permanecen; los seres queridos nos dejan, pero el sentimiento de haberlos tenido perdura. Y somos mucho más ricos por haber sufragado el alto costo de amar.

No hay nada tan completo
como un corazón roto

PISADAS

Anónimo

Una noche un hombre soñó que caminaba en la playa junto a Dios. En el trayecto aparecían destellos de distintos momentos de su vida. Y en cada escena notaba las huellas de pisadas en la arena. Unas pertenecían a Dios mientras que las otras eran suyas. Cuando se proyectó la última escena, observó que sólo había un par de pisadas marcadas en la arena. Pero desde antes se había percatado que lo mismo sucedía cuando se proyectaban los momentos más tristes y angustiosos de su vida. Se molestó y se quejó con Dios:

—Tú me enseñaste que si yo Te acompañaba, jamás me abandonarías. Y he aquí que justamente en mis momentos más difíciles hay tan sólo un par de huellas. ¿Por qué me abandonaste?

Y Dios le respondió:

—Mi hijo querido, Yo te amo y jamás te abandonaría. Durante tus momentos de dificultad y tristeza, cuando veías apenas un par de pisadas, era porque Yo te cargaba en mis brazos.

La muerte no trae solamente dolor. También trae cambios profundos y todo tipo de desorientaciones a nuestra vida. Pero en medio de la confusión, la turbulencia y el dolor que nos dominan, debemos sentir Su presencia. Porque Él está junto a cada uno que lo llama y nunca, nunca nos abandona.

EL TAMBOR

ॐ

R. Zwerin
(adaptación)

Había una vez un niño que solía golpear un tambor todo el día, todos los días. No paraba. Algunos decían que no podía parar. Se hicieron varios intentos para acabar con el ruido. Una persona le dijo que se le perforarían los tímpanos si continuaba haciendo tanto escándalo. Sin embargo, este razonamiento fue demasiado complicado para el niño, quien no era ni un científico ni un académico.

Una segunda persona le dijo que tocar el tambor era una actividad sagrada, la cual debería ser realizada solamente en ocasiones especiales y bajo la dirección de gente especial.

Una tercera persona ofreció tapones para los oídos a sus vecinos, para que pudieran aislar el ruido del tambor y evitar su ritmo estruendoso. Una cuarta persona le dio un libro al niño: "toma, lee esto. Es sobre técnicas para tocar el tambor". Una quinta persona dio a sus vecinos libros acerca de cómo lidiar con el ruido, controlar la ira y manejar la frustración. Una sexta persona le dio al muchacho ejercicios de meditación para tranquilizarse y le explicó que la realidad estaba en su interior.

Una persona muy sabia aportó la clave para solucionar la crisis. Le dio al muchachito un martillo y un cincel y le dijo: "me pregunto qué habrá dentro del tambor".

Todos somos tamborileros, ustedes y yo. Nuestro dolor es el rencor estridente que suena dentro de nosotros. Día tras día, y muchas veces en la noche, estamos fuera de nuestros cabales con tanto dolor que retumba

56

en nuestro interior. Ahora estruendoso, ahora vacío, ahora haciendo eco de hueso en hueso, de tendón en tendón, de nervio a nervio, el sonido continúa.

Un amigo se nos acerca en nuestra pena y nos dice: "Si sigues así, romperás tu corazón". Pero no sabemos lo que eso significa. Y tampoco lo sabe nuestro amigo, ya que no somos científicos que conozcamos los límites del corazón humano ni nos interesa conocerlos. "Que se rompa el corazón", decimos desafiantes. En verdad, ya está roto con tantas penas —con penas que no tienen límite— y ya está latiendo, latiendo, latiendo violentamente.

Un pariente con buenas intenciones nos visita y nos aconseja: "deberías llamar a tu sacerdote. Él sabe todo acerca del dolor". "Déjenlo que llore —aconseja un vecino—, aquí tienes un libro. Lo último para contener el dolor. Y es para toda la familia. El dolor es un estado mental. El auto-control es la respuesta a una pavorosa angustia. Contrólate, hombre. Basta ya. Tu ser amado no hubiera querido verte así por tanto tiempo. Vete de viaje, toma un crucero. Conoce gente nueva. Empieza un pasatiempo. Un cambio de domicilio hará maravillas".

Pero sólo el ritmo cambia. El ruido se desvanece, pero no por mucho tiempo. Todos los consejos son bienintencionados. Los vecinos, la familia y los amigos se preocupan tanto y quieren hacer algo por nosotros. Y por ellos mismos, para silenciar el ruido del dolor.

No obstante, no podemos bloquear el ruido de la pena sin abrirnos hacia su misma esencia y confrontar el miedo que le tenemos a sus causas; sin mirar la esencia de las relaciones y los elementos que nos detienen; sin enfrentar el recuerdo hasta que irrumpe en carcajadas y sin mirar la cara de la muerte, rondando dentro de nosotros. Pero no todavía, no todavía, no todavía…

Entonces el ruido cesa y la vida, el amor, el consuelo y la paz son nuestros. Recordamos a nuestros seres queridos, sentimos su presencia, y también su ausencia. Pero debemos esforzarnos por traer a nuestras vidas el consuelo y la paz. Cuando lo logremos, seguramente su memoria será una bendición. Y su recuerdo adquirirá nuevas dimensiones.

LA PIEZA FALTANTE

∞

Una y otra vez, sentados en soledad y en medio a una oscuridad exterior e interior, volvemos a declarar: "¿cómo puede ser? ¡No lo puedo creer¡ ¿Cómo pudo haber pasado?" Recordamos las primeras lágrimas y las preguntas.

Y recordamos los últimos momentos. Los abrazos de los amigos y de la familia.

Recordamos la aceptación de algo extraño, algo de lo que nos pensábamos exentos. Empezamos a hablar; una y otra vez repasamos los detalles, el proceso, el accidente, la enfermedad, las exactas palabras del doctor, como si hubiera un poder terapéutico en la repetición. Estamos invadidos de amor. El teléfono no deja de sonar, pero la mente está en espera. La normalidad regresa al hogar, sólo que no es como antes. Nada es como antes. Porque él ya no está. Ella no caminará por la puerta de nuevo, nunca más.

No lo aceptamos. Después de todo nunca lo aceptaremos.

Lo que era fácil hace unos días, ahora parece más complicado y confuso. ¿Qué pasó? ¿Qué pudo haber sido? Es el momento del enojo. Fueron muy pocos años. Teníamos planes. Íbamos a ir aquí, a visitar, a hacer esto. Íbamos a hacer tantas cosas. ¿Qué tipo de mundo es este en donde he amado a una persona y me la quitan antes de que yo estuviera preparado?

Y buscamos las palabras. Mensajes que nos hagan pensar que podemos ser fuertes y que nuestras vidas serán bendecidas otra vez. Hay lágrimas en los momentos más difíciles. Lágrimas provocadas por una palabra o una canción, por algo que disfrutábamos al compartirlo, por una fotografía que creíamos desaparecida o por aquella fiesta familiar de cada año.

Las estaciones continúan inspirándonos, los tiempos ya no nos acosan. Recobramos una perspectiva que antes no teníamos. Tarde o temprano sentimos que superamos la pérdida. Y una vez que esto sucede, el proceso de la curación no está muy lejos. Cuando vemos que los otros también tienen pérdidas y cuando extendemos nuestros brazos para consolar a nuestros amigos, facilitamos la curación. También cuando comprendemos que así como nosotros somos imperfectos, el mundo lo es de la misma manera. Cuando comprendemos que las desilusiones y las frustraciones son, asimismo, parte de la creación, es entonces cuando la muerte se convierte en parte de la vida. Y a pesar de nuestras lágrimas y pérdidas, afirmamos que la vida es buena.

Sólo aquellos que perdimos un ser querido podemos comprender cómo se extraña su presencia, ese abrazo, esa sonrisa, las palabras o el silencio.

Hace algunos años, leí un corto, bellísimo y a la vez profundo relato, "La pieza faltante", que fuera escrito por el poeta Shel Silverstein.

A una rueda le faltaba una parte. No estaba contenta de estar incompleta, así que partió en una misión para encontrar la pieza faltante y poder estar nuevamente entera. La búsqueda fue de lo más extensa, de país en país, de lugar en lugar, de aquí hasta allá. Por supuesto, se movía con dificultad porque le faltaba una parte. Pero ya que no podía moverse muy rápido, su paso tranquilo le permitía convivir con todo lo que la rodeaba en su tambaleante trayecto. Podía hablar con las mariposas, podía oler las flores, podía disfrutar la puesta del sol. Siempre buscaba su parte faltante. Y de vez en cuando, la rueda pensaba que había encontrado la parte que le faltaba. Encontró alguna pieza que era demasiado grande o alguna que era demasiado pequeña, o alguna que era demasiado cuadrada, pero ninguna encajaba a la perfección. Y se decepcionaba cuando la parte no le quedaba. Pero continuaba buscando la pieza faltante.

Un día, cuando menos se lo esperaba, ahí estaba: la pieza que le faltaba. Y ahora la rueda estaba feliz, ya no se tambaleaba ni saltaba ni cojeaba, porque ahora estaba completa. Y como estaba completa, podía rodar cada vez más rápido. Era un círculo completo. Sin embargo la bendición también tenía su desventaja. Como podía rodar más rápido, no encontraba el tiempo para platicar con las mariposas o para oler las flores o para disfrutar la puesta del sol.

La rueda corría, rodaba, se movía sin detenerse, sin leyes ni destino. Pero la rueda no estaba feliz. Comprendió lo que había perdido por haber encontrado la pieza faltante. Así que decidió dejar a un lado lo que la hacía estar completa. E, irónicamente, decidió que realmente estaba más completa, aceptando que le faltaba una parte, y que así debería seguir el resto de su camino.

Durante este año, o quizá durante otros años cercanos o lejanos, el círculo de nuestra vida quedó incompleto por una muerte. Y desde ese momento sentimos que una parte de nosotros está incompleta, sentimos que sin esa pieza nos tambaleamos y que nuestro propio ritmo de vida se ha hecho más lento. Sin embargo, coincido en que, el significado de este relato es que *somos más enteros cuando nos han quitado algo*. Antes que nada, perdemos nuestro sentido de autosuficiencia. Uno pierde esa sensación de que nada malo puede sucedernos. Vivir con la sensación de que nada malo nos puede suceder nos metería en una trampa. Si fuera así, seríamos víctimas fáciles de un colapso total cuando "la tristeza inevitable" nos llegue, como inexorablemente tendrá que llegarnos.

Podríamos dar. Porque una persona verdaderamente completa podría dar más de sí misma. Una persona completa ha descubierto que lo único que nunca puede perder, lo único que posee permanentemente, es aquello que puede dar y lo da.

Conozco a mucha gente que dedica tiempo y energía a buscar la pieza que encaje perfectamente, una refacción exacta para la parte que se ha perdido. Para ella, hacer que la rueda esté completa de nuevo es lo más importante. Yo creo que actuar de esa forma es una muestra de que no se ha entendido o aceptado la pérdida sabiamente, que no se ha aprendido del dolor, que no se ha crecido como parte del proceso de soltar aquello que se fue. Es la gente que corre hacia otra cosa —hacia un futuro posible— para no tener que enfrentarse con un pasado que ya no es.

Hay otros que se sienten satisfechos con solamente cojear por el camino, como si este fuera su destino. Se ven a sí mismos como algo que es innecesario e incompleto, que ha cambiado para siempre sin ningún remedio. Se han lamentado demasiado por su pérdida. Existe un futuro sepultado en su pasado y parecen estar resignados a ser menos de lo que son.

Y hay aquellos que tienen mejor suerte, o tal vez sean más sabios: aceptan su pérdida —la pieza que les falta— y encuentran una forma de continuar por el camino de la vida con algún propósito, utilizando las lecciones aprendidas gracias a la pérdida, para comprender y apreciar lo que la vida aún puede ofrecerles.

Con frecuencia, por medio de la pérdida podemos encontrar un propósito e incluso una dirección. Por medio de la pérdida, a menudo obtenemos la sabiduría para apreciar la belleza de los momentos, el significado del tiempo, la importancia de una relación y el significado de la vida.

En ocasiones, sufrir una pérdida nos da una perspectiva única de la vida. De hecho, la pieza faltante puede realizar un acto de amor adicional si nos hace ir más despacio para poder saber quiénes somos realmente y por qué.

Y que sean ese sentimiento y ese recuerdo, que sea esa sabiduría que nos da el haber aprendido a dejar ir, lo que nos dé la fuerza de continuar y realizar nuestra propia vida.

UNA PARÁBOLA DE LA TRISTEZA

☙

En un pasaje de su libro *Tragado por una víbora*, Tom Goleen nos entrega un relato acerca de un pueblo a la orilla de la selva. Era un lugar pacífico, pero tenía un gran problema: la boa constrictora. Estas boas no eran las serpientes que conocemos hoy en día, sino mucho más grandes. Eran animales fuera de control cuya crueldad sólo era superada por su apetito. La mayor parte del tiempo se alimentaban de otros animales pero, sin duda alguna, el alimento favorito de la boa era los humanos. Las serpientes entraban al pueblo cuando querían y se comían lo que fuera y a quienquiera que se les antojara. No había dónde ocultarse de estas bestias.

Un día, una mujer se puso a hablar sobre su dolor, estrechamente relacionado con la boa. Hablaba sobre sus dos hijos, que habían sido devorados por esta bestia, y se lamentaba por vivir en un lugar tan poco seguro. En voz alta se preguntó si no habría quien pudiera acabar con el reino de terror de las serpientes. Su esperanza era que la gente del pueblo pudiera vivir en paz. Un hombre que tocaba la flauta maravillosamente escuchaba su pena y sufrimiento. Se puso a pensar en lo que la mujer había dicho y decidió hacer algo al respecto. Empacó un costal con maíz y un pequeño cuchillo, y salió a la selva. El hombre eligió cuidadosamente un lugar en la selva y se sentó a tocar la flauta. Estaba conciente de que la boa se acercaba, pero continuó tocando. De repente, la serpiente lo atacó y se tragó al flautista de un solo bocado. La oscuridad dentro de la panza de la serpiente era total. El flautista se acomodó lo mejor que pudo, desempacó sus pertenencias, sacó el cuchillo. Usó su arma para ir cortando la panza de la serpiente poco a poco. La serpiente reaccionó al terrible dolor. El flautista sabía que le iba a tomar un buen rato terminar la tarea de matar a aquella enorme serpiente. Cada vez que sentía hambre, le cortaba un pedacito de panza. Este afán duró un buen tiempo, y la boa sentía un profundo padecimiento. Por tal causa, la serpiente se aseguró de decirles a todas sus amigas serpientes, que nunca volvieran a comer humanos, para no sufrir las punzantes consecuencias. Después de un lapso, el flautista llegó al corazón de la boa. Al cortarlo, esta murió. Entonces el hombre salió de la serpiente y volvió al pueblo mientras tocaba la flauta. Todos se sorprendieron al verlo y le preguntaron dónde había estado. El flautista les respondió que había estado dentro de la boa, y para demostrarlo les enseñó un trozo del corazón de la serpiente. Entonces la gente supo que la serpiente realmente estaba muerta.

Este hermoso cuento es una parábola de la tristeza. Nos dice que entrar a la desolación muchas veces puede ser semejante a ser comido por una serpiente. Estamos separados de la vida cotidiana, sentimos que nuestra existencia está confinada y nos rodea el abatimiento, igual que al flautista. Nuestro mundo cambia completamente al pasar de la vida que conocemos a la panza de una serpiente. Todo está oscuro. Es un sitio muy apretado. Hacia donde se mire, está la panza de la víbora. Esto es semejante a la sensación de una persona que experimenta una profunda tristeza. A veces la angustia va ganando, y siente cómo su vida tiene que adaptarse a la congoja y no a sus deseos.

Muchas veces tenemos la sensación de que no hay salida a esta realidad, que la desolación se ha convertido en el único escenario y que continuará para siempre. El flautista debió sentir esto. Cuando se decidió a luchar, se llevó consigo maíz y un cuchillo, pues supo que no era un proyecto a corto plazo. Sabía que tenía que ir cortando un pedacito de la panza a la vez, y parecía tener fe de que finalmente llegaría al "meollo del asunto". Así ocurre con la tristeza. Necesitamos llegar preparados y estar dispuestos a aguantar todo el trayecto. Vencer a la tristeza no es un proyecto a corto plazo. Algunos motivos que propician el abatimiento se convierten en una lucha que dura toda la vida.

El flautista no mató a la serpiente de un solo golpe, sabía que tenía que ir cortando de a poco. Lo mismo sucede con la tristeza: hay que cortarla poco a poco. Necesitamos darnos cuenta de que cada vez que experimentamos la congoja estamos cortando otro pedazo de la panza de la serpiente y acercándonos más al meollo del asunto. Muchas veces, la gente no se da cuenta que así es la naturaleza de la tristeza. Creen que honrar y reconocer su tristeza no está teniendo efecto alguno. La serpiente quiere que creas que no hay esperanza, que nunca lograrás salir, que tu pena es infinita, que debes acostarte, quedarte quieto y permitir que te digiera. Pero no es así. Mientras estamos dentro, debemos aprender a vivir de manera diferente. En este ambiente oscuro y encerrado, nuestras habilidades usuales para vivir no son eficaces. Esta situación nos exige utilizar partes de nosotros que no son nuestras capacidades cotidianas. En lugar de ver claramente lo que tenemos frente a nosotros, quizá tenemos que usar nuestro sentido del tacto en lugar de la vista. El flautista encontró una forma de entrar a su pena con su instrumento.

El encontrar y usar estas fuerzas como una manera de entrar a la tristeza es una actividad vital para todos los dolientes. Pero noten que el flautista no realizó su trabajo desde afuera. Solamente lo logró desde el interior de la serpiente.

Así es con nuestra tristeza. Así es también con nuestro proceso de duelo.

NO ESTAMOS SOLOS

ജ

Nosotros, los enlutados, no estamos solos. Somos parte del mayor grupo del mundo. El de aquellos que han conocido el sufrimiento.

A menudo, cuando el corazón está roto por la pena, vagamos espiritualmente, como viajeros extraviados en un bosque profundo. Nos atemorizamos, perdemos el sentido de la dirección, chocamos contra los árboles en nuestro intento de buscar una salida que no logramos hallar.

Todo ese tiempo hay un camino, que lleva directamente afuera de la densa maraña de nuestras dificultades, hacia la planicie que anhelamos como meta.

No lloremos por los que se han ido cuando sus vidas no habían alcanzado su plenitud. ¿Quién puede afirmar que aquellos que se han ido en el esplendor de la vida no son en realidad afortunados, ya que no conocieron la decadencia, ya que no se fue consumiendo su vela, ni se marchitó la flor perfecta de la vida?

Sancho Panza, en *Don Quijote*, pasa una noche desesperado, aferrado al saliente de una ventana, temeroso de caer. Cuando amanece, descubre que todo el tiempo sus pies estuvieron a solo unos centímetros del suelo.

Nuestro temor puede ser tan infundado como el de Sancho. Puede ser que la muerte sea sólo el umbral por el que pasamos del tiempo a la eternidad, del reino mortal al inmortal. Y si llegamos a aceptar la muerte, ¿quién se atrevería a poner límites en lo que podemos extraer de la vida misma?

Como escribió el poeta: "he amado demasiado a las estrellas para temerle a la noche".

65

DOS BARCOS

ಬ

Midrash

Dos barcos navegaban cerca de la playa, uno en dirección al mar y otro se aproximaba al puerto. La gente allí reunida despedía con alegría al barco que se iba y le ponían poca atención al que llegaba. Un hombre sabio, que observaba la escena, sintió que había una gran contradicción. Según él, el barco que zarpaba no debía ser motivo de alegría porque nadie sabía qué era lo que iba a encontrar en su larga travesía, qué tormentas o qué peligros. Pero sí debían saludar al barco que llegaba porque cumplía con su destino al haber concluido su jornada de paz.

Cuando un ser querido fallece, deberíamos sentir paz en el espíritu al reconocer que han llegado a su destino y completaron el viaje.

SUEÑOS INTERRUMPIDOS

∞

Hay épocas y momentos en que nuestras almas se afinan para la melodía más profunda y sincera que nuestros corazones pueden crear. Tiempos en los que el recuerdo se hace presente con mayor intensidad; las imágenes van sucediéndose velozmente, el corazón aprieta y la lágrima descontrolada cae por la mejilla en una expresión de dolor, resignación y recuerdo. Cuando nos toca vivir esas épocas del año, o esos momentos, es el espacio de nuestro silencio. El tiempo de sueños interrumpidos. Son los recuerdos que se reavivan dentro de cada uno de nosotros.

Quisiera ilustrar mi idea con un texto que leí. Alguna vez existió un rey que tenía un hijo. El príncipe era la alegría de su vida y la realización de sus más queridos sueños. Diariamente, el rey dedicaba algunas horas para compartirlas con su hijo y amarlo con más intensidad. Juntos pescaban en los grandes ríos que atravesaban los valles del reino, montaban a caballo por las florestas o escalaban montañas. Sentían el deleite de la compañía mutua. Repartían sus alegrías y sueños y reían en la expectativa y en la esperanza del mañana. El joven tenía un tutor, un profesor, que diariamente lo educaba. El joven aprendía música y artes. El laúd y la lira, el pincel y la pluma estaban siempre en sus manos. Y su mente se desarrollaba maravillosamente. El profesor percibió sus cualidades y le abrió el mundo de la ciencia y de los números, el conocimiento de las estrellas y los misterios más profundos de la vida. Ambos se sentían inflamados, profundamente envueltos en el estudio de la filosofía y de la metafísica. Compartían el tiempo, extrayendo uno del otro la poesía latente en sus corazones y en su alma.

El joven crecía vigoroso y alerta, enriqueciendo la vida de su padre y llenando la vida de su tutor de alegría. Se aproximó la hora en que debía casarse. La joven elegida era maravillosa y todos estaban radiantes. El rey salió a su reserva junto a los ríos del valle y eligió las mejores maderas de robles y cipreses, y los mejores pedazos de juncos. Después se dirigió al patio del palacio. Y con el corazón repleto de dicha comenzó a construir, con sus propias manos y de acuerdo a un diseño creado por el profesor, un bellísimo y magnífico palio nupcial para el casamiento. El palio nupcial fue terminado y decorado con flores y bañado por la luz del sol; quedó aguardando el día del casamiento. Pero el día jamás llegó. El joven nunca se despertó de su sueño. No importa por qué. Solamente importa saber que falleció durante los preparativos para el casamiento. El rey y el profesor estaban ciegos de dolor. Gritaban, insultaban, golpeaban sus pechos y sacudían sus puños en dirección al cielo. Hasta los ángeles notaron su sufrimiento.

El rey no podía ser consolado. Con un pequeño machete fue al patio y comenzó a destruir el palio nupcial. Cada pedazo era martillado y resquebrajado hasta que los fuertes robles y cipreses se transformaron en lascas. El profesor observaba, triste, si bien calmo, el dolor del rey. Silenciosamente se inclinó, tomó un pedazo de junco y con un pequeño cuchillo empezó a tallar un instrumento musical. Y así, sentado en un rincón del soleado patio, comenzó a tocar una dulce y melancólica melodía.

Podemos aprender de este relato una lección importante. El joven de nuestra historia es cualquier persona que amamos intensamente, el ser querido que perdemos, aquel con quien vivimos un amor único. Puede ser un padre, una madre, un hijo, una hija, un marido o esposa, un hermano, un amigo. Aquella persona de nuestros sueños y que fue fuente de luz y amor en nuestras vidas.

El palio nupcial representa los sueños que compartimos con quienes amamos y todos los planes, todas las alegrías anticipadas para las cuales nos preparamos; nuestras esperanzas, expectativas, nuestros años futuros viviendo juntos. Es nuestra fantasía de una felicidad planeada y total.

¿Y el rey? Él es cada uno de nosotros. Lleno de amor, feliz en dar y realizar, compartir, repartir amor, preocupaciones y la propia vida. Él eres tú que murmura: cómo es triste mirar solo todo lo que era de nosotros dos. El rey es cada uno de nosotros, incapaz de encontrar un equilibrio cuando pierde el amor.

No importa el motivo de la pérdida: enfermedad, accidente o por causas naturales. Cuando la muerte nos lastima, el rey que llevamos dentro no puede ser aliviado ni calmado ni controlado. Nuestras lágrimas nos ciegan. Nos enclaustramos en nuestros patios particulares y en la rabia, destruimos tanto el presente como el pasado.

Y surgen aquellas preguntas que queman: ¿será que di lo suficiente? ¿Acaso fui egoísta? Y como el rey, rompemos nuestros sueños del mañana.

¿Y el profesor? Él también es una parte nuestra. Muchas veces poco visible, escondido en alguna parte. Él es nuestro contacto con la realidad, nuestro conocimiento de que la vida es así. De que amar, soñar, alcanzar el cielo, es un maravilloso regalo que Dios nos dio. Cuando el palio nupcial se cae, el profesor es también la fuerza que nos une a nuestro destino espiritual, y que silenciosamente nos mantiene. Reconstruye, nos dice. Cálmate. La vida es para reconstruir, para conformarnos y recordarnos. Y también para continuar soñando y amando.

Y se dice que los propios ángeles lloran de alegría cuando ven que cada uno de nosotros toma una lasca de nuestros sueños destruidos y con ella toca una canción, una melodía. La melodía que une nuestro ayer a nuestro mañana.

Hay épocas del año en que los recuerdos de aquel palio nupcial truncado aparecen con mayor intensidad; momentos en que nos detenemos y sentimos la tristeza de mirar solos aquello que era nuestro.

Quiero decirles que esas épocas y esos momentos deben recordarnos también que debemos permitir que la melodía regrese suave y dulcemente para ayudar a calmarnos y curarnos, para que tomemos conocimiento de que la muerte da urgencia a la vida. Son el tiempo para mirar nuestras propias manos, manos que necesitan agarrar los juncos destruidos y con ellos crear un instrumento que nos permita, a través de una melodía, expresar la fuerza de vivir el mañana con nuevos sueños.

Cuando Dios completó la creación del mundo, declaró que el mundo sería sustentado por tres pares de manos: manos que abrazan, manos que trabajan y manos que rezan. Manos que abrazan y aprietan otras manos, dándose fuerza mutua y cariño. Manos que acarician y crean un nuevo amor en la corriente de la vida. Manos que trabajan y crean lazos fuertes. Y, finalmente, manos que rezan, que imploran, que suplican y que procuran una fe renovada para enfrentar el mañana.

Si queremos ser mejores seres humanos, somos capaces de serlo. Y podemos conseguirlo si nos dedicamos a construir a partir del recuerdo del trabajo de nuestras manos.

A propósito de esta imagen, quiero compartir con ustedes mi experiencia: pocos días después de la muerte de mi padre, cuando el rey dentro de mí estaba ciego, triste, vi por la ventana de mi casa que una de mis hijas estaba sentada en el jardín. Fui hasta allí y cuando nos miramos comprendimos lo que ambos estábamos sintiendo. Sin hablar, nos dimos las manos y continuamos mirándonos mientras las lágrimas brotaban de nuestros ojos. Y continuamos apretando las manos, en silencio. No sé si fue un minuto, una hora, una eternidad. Y en ese momento comprendí mejor a aquel rey del relato. Nuestras manos estaban juntas, nuestras manos aseguraban nuevos sueños para un nuevo palio nupcial, nuestras manos trabajaban un futuro y también rezaban, tal vez la oración más pura y significativa que alguna vez recé.

El recuerdo de mis padres era, en las manos de mi hija, el desafío para los juncos destruidos y para crear una nueva melodía.

Nunca estamos solos. Tenemos la fuerza para transformar la tragedia en una nueva fuerza que nos ennoblecerá. Esta mano mía, esta mano tuya, estas manos que nuestros seres queridos aferran, como un fuerte y silencioso abrazo al pasado, tienen que inspirarnos a componer nuevas melodías.

Se trata de unas manos que deberían ser extendidas en un gesto de promesa y que, a pesar de la tristeza, de la melancolía en nuestros corazones, harán que nuestra fe se fortalezca y consuele.

¿CÓMO MANEJAS LA ADVERSIDAD?

ಣ

Una hija se quejaba con su padre, cocinero de profesión, acerca de su vida, y de lo difícil que le resultaba hacer ciertas cosas. No sabía qué hacer y quería darse por vencida. Estaba cansada de luchar y pelear. Parecía que un problema se resolvía y otro surgía. Su padre la llevó a la cocina. Llenó tres ollas con agua y colocó cada una a fuego alto. Pronto las ollas comenzaron a hervir. En una de las ollas puso zanahorias; en la otra, huevos; en la última, granos de café. Los dejó hervir sin decir una sola palabra. La hija se mordía los labios mientras esperaba impaciente y se preguntaba qué hacía su padre. Después de unos 20 minutos, él apagó el fuego. Sacó las zanahorias y las colocó en un recipiente. Sacó los huevos y los metió en otro recipiente. Luego coló el café y lo puso en una taza.

Mirándola le dijo:

—Querida, ¿qué ves?

—Zanahorias, huevos y café —respondió.

Le pidió que se acercara y le dijo que tocara las zanahorias. Ella obedeció y se dio cuenta de que estaban suaves. Entonces, el hombre le pidió que tomara un huevo y lo rompiera. Después de pelar la cáscara, observó el huevo duro. Finalmente, le pidió que probara el café. Ella sonrió al sentir su rico aroma. La muchacha preguntó humildemente:

—Papá, ¿qué significa todo esto?

Él le explicó que cada uno de los elementos se había enfrentado a la misma adversidad: agua hirviendo. Sin embargo, cada uno reaccionó de manera diferente. La zanahoria entró fuerte y dura pero después de haber sido sometida al agua hirviendo, se suavizó y se hizo débil. El huevo había sido frágil y su delgada costra exterior protegió su líquido interior. Pero después de estar en el agua hirviendo, su interior se endureció. Sin embargo, los granos de café habían cambiado el agua, su sabor, su olor.

—¿Cuál eres tú? —le preguntó a su hija.

Cuando la adversidad toca a tu puerta, ¿cómo respondes? ¿Eres una zanahoria, un huevo o un grano de café? ¿Eres la zanahoria que parece dura, pero con dolor y adversidad se doblega y se vuelve suave, perdiendo su fuerza? ¿Eres como el huevo, con un corazón que endurecido después de la prueba de la muerte? Tu cascarón parece el mismo, pero ¿tú eres amarga y dura, con engreído espíritu y corazón? ¿O eres como el grano del café? El grano cambia el agua caliente, lo que trae el dolor, y saca su sabor óptimo, cuando el agua hierve. Cuando el agua es más caliente, el café sabe mejor. Si tú eres como el grano del café, cuando las cosas están en el peor momento, te haces mejor y haces mejores las cosas a tu alrededor.

EL VALOR PARA AFLIGIRSE
Y LAMENTARSE

&

¿De qué se trata la vida, si nuestro destino es simplemente morir, si la vida es un desperdicio? ¿Acaso la vida de quienes nos precedieron valió la pena, tuvo significado? ¿Es ahora el mundo un lugar mejor gracias a que vivieron o acaso los días de su vida fueron en vano?

Al buscar las respuestas a este misterio entendemos que este es el momento para afirmar algunas de las verdades esenciales del luto, de qué sucede cuando los que amamos mueren.

Lo primero que tenemos que afirmar es que *hace falta afligirse*. Cuando nuestros seres queridos y amigos mueren, tenemos una necesidad natural de dejarlos ir, de expresar nuestro sentimiento de pérdida. Me preocupa que haya demasiadas personas, y desafortunadamente cada vez son más, que buscan atajos en el proceso del luto o que lo ignoran por completo.

Un maestro comentó, refiriéndose al conocido versículo del Salmo 23, *"Aunque tenga que caminar por un valle oscuro"*, que uno *tiene que caminar por el valle*, no puede evitarlo ni siquiera tomar una desviación. Es necesario caminar por el valle oscuro, no alrededor, no por encima ni por debajo. En otras palabras, existe una necesidad de confrontar a la muerte, de enfrentar nuestra tristeza. Algunas personas intentan eliminar por completo el proceso de la pena. Con frecuencia tratan de explicarlo diciendo que no quieren molestar a nadie, de causar un inconveniente o ser una carga. Es cierto que es un comportamiento muy considerado de su parte, pero no están satisfaciendo sus necesidades. Están convencidos de que no tienen esa necesidad.

Segundo, tenemos *derecho a afligirnos*. Con frecuencia, nuestros amigos y parientes bien intencionados nos quitan este derecho. Actúan de buena fe, ni dudarlo, cuando le dicen a quien ha sufrido una pérdida que llorar es un comportamiento infantil. Intentan alejar al enlutado de la situación de pena y hacen las cosas que él debe hacer por sí mismo. Distraen al doliente, hablan de cualquier cosa y de todo, excepto de las cuestiones sobre las que el enlutado *necesita* hablar y tiene el *derecho* a hablar. A las personas que han sufrido la pérdida de un ser querido se les dice que "sean fuertes", como si fueran piedras. Los seres humanos tenemos que darnos el permiso de llorar y esa es una de las razones por las que tenemos conductos lacrimales.

Y finalmente, necesitamos reconocer que el afligirse también requiere de *valor*. El duelo es la última prueba de la vida. Porque el afligirse es un modelo para el crecimiento y para encontrar el sentido en nuestra vida. Enfrentarse a la pena y pasar por todo el proceso de lo que ella representa, significa enfrentarnos a nuestros sentimientos con honestidad, expresarlos y aceptarlos durante todo el tiempo que le tome a la herida sanar. Para la mayoría de nosotros, esto es algo bastante difícil.

Por eso, afligirse requiere de valor. Hace falta tenerlo para sentir nuestro dolor y enfrentarnos a lo desconocido. También hace falta tener valor para afligirse en una sociedad que, erradamente, valora la reserva y donde nos arriesgamos a enfrentar el rechazo de los demás por ser abiertos o diferentes.

Tener valor para afligirse conduce a tener valor para vivir, amar, arriesgarse y disfrutar los frutos de la vida sin temor o inhibiciones. Tener valor para enfrentarse a la pena, la frustración, las dificultades, invariablemente genera una vida de más recompensas. Tener valor para confrontar la muerte con honestidad, significa que examinamos nuestra vida, valores, ideas, y lo que tiene significado para nosotros, con lo que eventualmente creamos una existencia satisfactoria y con un propósito. Al aceptar a la muerte como un proceso natural de la vida, podemos vivir nuestra vida con más gusto y profundidad.

Ahora, *¿qué es lo que tenemos para ayudarnos a desarrollar ese valor?* No es algo que se encuentre en un catálogo y nos puedan entregar por mensajería; tampoco lo hallaremos en un aparador o lo conseguiremos por debajo de la mesa. Pero es accesible a todos nosotros. Un profesional en apoyo emocional sugiere tres fuentes de ayuda. Lo único que hace falta es usarlas. Son *el apoyo a uno mismo, el apoyo del ambiente y el apoyo de nuestro sistema de creencias o nuestra filosofía.*

El primero, el apoyo a uno mismo, es importante. No podemos tener valor para afligirnos o para encarar a ninguna crisis hasta que nos enfrentemos a nosotros mismos. Y esto significa honrar a nuestros sentimientos y necesidades. Aunque de ninguna manera desprecio el hacer cosas por los demás, hay legitimidad en hacer cosas por uno mismo y satisfacer nuestras necesidades. Todos conocemos a personas que no pueden hacer cosas para sí mismos; tienen miedo de que si lo hacen serán considerados egoístas. Pero aunque es hermoso ser el beneficiario de su generosidad, es triste porque estamos sacando un provecho de su pérdida. Conozco una mujer así. Todo el tiempo parece estar dando, descuidando sus propias necesidades, sublimando sus propios sentimientos; me temo que ella es una extraña hacia sus propios sentimientos. Sin embargo, necesitamos estar en contacto con nosotros mismos.

Otra cosa que debemos estar dispuestos a aprovechar es el apoyo que hay en nuestro ambiente. Podemos obtener mucho de otras personas. Nuestros amigos, parientes, vecinos, colegas, médicos familiares, sicoterapeutas, clero, abogados, consejeros financieros, personas de negocios, todos pueden ayudarnos. Además existen otros apoyos. Cursos, cambio de profesión, trabajo voluntario, clubes, mascotas, viajes, arte, música, danza, grupos de duelo, deportes, meditación. No son un escape. Son apoyos que tenemos a nuestro alcance.

El tercero es nuestro sistema de creencias. Nuestra filosofía de vida afecta mucho la forma en que nos enfrentamos al dolor y a los problemas. El significado que le damos a la vida, al sufrimiento y a la muerte es importante. Vivir una vida con significado, cualquiera que sea, es más fácil que vivir sin valores espirituales. *Vive, ama, arriesga y disfruta de los frutos de la vida sin temor ni inhibiciones.* Permitamos que la vida sea, para ti y para mí, un tiempo así, un tiempo para que adquiramos el valor para afligirnos.

En nuestra sociedad, con demasiada frecuencia, se nos enseña que la muerte es un tema que debe evitarse, ignorarse, incluso negarse. Sin importar cuál sea tu origen cultural o étnico, cada vez que permites que tus emociones salgan a la superficie, te sorprenderá notar el poco apoyo que recibirás para realmente desahogar tu pena o expresar tu dolor.

No obstante, debes permitirte lamentarte. Posponer la confrontación de tus sentimientos al llenar cada día con actividades sólo aumentará la reacción de la pena. Recuerda que cuando uno sufre una gran pérdida, expresar los sentimientos es una muestra de fuerza, no de debilidad.

No hay una forma correcta para experimentar la pérdida y ajustarse a una vida sin el que ha partido. Perder a la pareja, a un hijo, madre o padre, amiga o amigo, hermana o hermano, es perder una parte de ti. Por lo tanto es natural lamentarse por esta pérdida.

Quizá sufras emociones de una intensidad inimaginable. Pero aunque estés en agonía, por más terrible que todo parezca ser, tu pena es sana y correcta. Y debes darte permiso para lamentarte.

La dulce tristeza
de la inmortalidad

SUPERANDO EL DOLOR

৪১

Cada ser humano siente la presencia del dolor en muchísimos momentos de su vida. Cada vez que hay un cambio significativo, este se hace presente. Un cambio de trabajo, una etapa escolar que termina, una mudanza a una nueva casa o apartamento, un divorcio, un animal de estimación extraviado y naturalmente con mayor intensidad, la muerte de un ser querido.

Algunos dolores son más intensos que otros. Algunos pueden hacernos añicos, dejándonos con la sensación que nuestra vida, como piezas de un rompecabezas, está tirada en el piso, rota en mil pedazos desordenados.

Cuando eso sucede, nos sentimos exhaustos ante tantas exigencias y tan poco consuelo. Nos sentimos asustados y tememos perder el control de nuestras emociones. Estamos lastimados, pero podemos hacernos más daño aún. Nos preguntamos y exclamamos: ¿por qué a mí? ¿Por qué debo vivir todo esto? ¡No podré soportar tanto dolor! ¡Dios es injusto conmigo!

Y queremos darnos por vencidos.

Pero curiosamente, al mismo tiempo, algo dentro de mí, me hace sentir que quiero querer. Es la parte que busca extraer lo mejor de mí mismo y sacarme de la parálisis y la depresión que me domina. Cuando seas presa de la desesperanza, de la oscura soledad, tal vez sea bueno recordar que *el momento más oscuro de la noche, se da, exactamente, en el instante previo al amanecer.*

Al ser golpeados por la muerte y cegados por el dolor, cuando creemos estar en el momento más oscuro de la noche de nuestra vida, comenzamos lentamente a buscar cómo superar nuestro dolor.

Elisabeth Kubler-Ross ha dado tal vez el aporte más importante al tema de la muerte. A través de sus muchísimos trabajos y libros publicados, nos ha ayudado a comprender y entender su significado con el fin de tener las mejores herramientas en nuestro proceso de superación del dolor. Segú ella explica, el proceso debe pasar por cinco etapas: negación, enojo, regateo, depresión y aceptación.

Claro que no debemos entender esto como una receta mágica, porque no es un proceso típico, ni lineal. Si bien podremos encontrar elementos comunes, el dolor es único en cada ser humano. Ninguno es comparable a otro, y cada persona reaccionará y responderá de una manera diferente en cada etapa.

> La noche que te perdí
> Alguien me señaló
> las cinco etapas del dolor.
> Ve en aquella dirección, dijeron,
> es fácil, como aprender a subir
> escaleras después de una amputación.
> Y subí.*

Cuando enfrentas la muerte, comienzas un viaje de sufrimiento que produce una sensación similar a la de estar perdidos y sin un mapa. Por si fuera poco, es también la sensación de no estar muy seguro de saber hacia donde te diriges. Te encuentras buscando en el camino de tu vida una salida en algún lugar entre el pasado y el presente. Te unes a los demás desconsolados, que están en tierras desconocidas, rodeados de gente desconocida. Aun más angustioso resulta saber que no podemos regresar a nuestro punto de partida y desconocer cuánto tiempo estaremos perdidos. Porque el dolor no tiene tiempo.

No puedes fijarle una fecha límite y esperar que desaparezca. Y tú debes decidir tu propio camino.

El aporte valioso de Kubler-Ross justamente es, entre otros, habernos dado señales o indicadores que nos ayudan a ordenarnos y encaminarnos en nuestro regreso a casa.

---

* Linda Pastan, "Las cinco etapas del dolor", citada por Mary Jane Moffat, ed., *In the Midst of Winter*, Vintage, NY, 1992.

La Negación fue primera.
Me senté a desayunar,
poniendo cuidadosamente la mesa
para dos. Te pasé el pan tostado
—tú estabas ahí sentado. Te pasé
el periódico— tú te escondiste
detrás de él.*

Confrontados con una pérdida significativa, nuestro cuerpo, nuestra alma y nuestra mente no pueden absorber en un instante la totalidad de esta nueva realidad. La negación nos da la posibilidad de absorber lentamente el golpe recibido. Pero actúa como olas, porque si bien en un momento podemos creer que comprendemos lo sucedido, minutos después podemos volver a exclamar, "¡no puedo creer que ya no esté aquí!".

El Enojo parecía más familiar.
Quemé el pan, arrebaté
el periódico y yo misma leí los titulares.
Pero ellos mencionaban tu partida,
y por lo tanto pasé a la sección de
Subastas.**

Una parte central del ciclo es el enojo. Enojo con Dios, con la vida, con el cosmos; enojo con quien falleció, por habernos abandonado, por haber partido abruptamente y para siempre. Enojo por lo que dejamos de hacer o decir. Enojo con quien nos dice que debió haber una razón para la muerte. No hay consuelo. Sólo oscuridad y soledad, rabia y silencio. El enojo explota.

Y con él la culpa. Lo que dijimos o callamos. Lo que dejamos de hacer, porque teníamos toda la vida por delante. Culpa porque yo estoy vivo y mi ser querido no. La culpa que me invade y domina.

---

* *Op. cit.*
** *Idem.*

¿Qué podría yo intercambiar por ti?
¿El silencio después de las tormentas?
¿Mis dedos que escriben?*

El regateo puede ser contigo mismo, o, si eres una persona de fe, con tu Dios. A menudo, ofreceremos para intercambiar algo que nos aleje o esconda la realidad de lo sucedido. Trataremos de lograr algún acuerdo que nos permita recuperar a nuestro ser querido en un momento de su vida, anterior al momento de su muerte. Regateamos para recuperar lo que perdimos. No te sientas mal, es propio de la naturaleza humana querer volver al pasado que ahora creemos era más completo.

La muerte nos puede visitar en cualquier momento. Muchas veces de la manera más cruel. Curiosamente, los humanos, que nos sentimos tan poderosos ante muchas cosas, no tenemos ningún poder sobre las cosas más importantes de la vida, como la muerte. Yo voy a morir, todo lo que yo amo va a morir. Tiempo. Desesperanza. Desconsuelo. Depresión.

> Antes que yo pudiera decidir
> llegó resoplando la depresión,
> un pariente pobre con su maleta
> amarrada a un cordón. Adentro
> había vendajes para los ojos
> y frascos para el sueño. Me resbalé
> hasta el fondo de la escalera
> y no sentí nada.
> Y todo el tiempo la Esperanza
> destellaba intermitentemente
> en un neón defectuoso…**

Con la depresión llega la parálisis. Dices, "en un minuto…", "tal vez la próxima semana…". Sabes que hay mucho para hacer, pero declaras: "luego lo haré". Y el luego se transforma en semanas o meses. Nada importa. Estás

---

* *Idem.*
** *Idem.*

caminando en círculos. Tu cuerpo quiere descansar. Tal vez no está mal, tal vez lo mejor es detenernos. Sentarnos y esperar que suceda lo que sea.

Algunos hablan sobre sus sentimientos, otros simplemente se vuelven contemplativos. El problema es que los sentimientos de dolor no desaparecen. Y la ausencia da lugar a las memorias.

> Después de un año aún sigo subiendo
> aunque mis pies resbalen
> en tu cara de piedra.
> La vegetación
> hace mucho que ha desaparecido.
> El verde es un color
> que he olvidado.
> Pero ahora veo hacia
> donde estoy subiendo: Aceptación,
> escrito en letras mayúsculas…
> Sigo luchando,
> agitando y gritando.
> Aceptación.
> Finalmente la alcanzo.
> Pero algo anda mal.
> El dolor es una escalera circular.
> Te he perdido.*

Aun sin un mapa, finalmente puedes encontrar el camino a casa. Pero cuando llegas, descubres que las cosas ahora son diferentes. Tú eres diferente, otra persona.

Trabajar el proceso del dolor nos ayuda a reemplazar la negación por la aceptación. Entendemos, como en el poema, que aceptar significa acomodarnos a una nueva realidad. No significa olvidar, sino que has aprendido a crear dentro de ti un espacio, das lugar a la realidad de la pérdida. Aprendes a vivir así y se convierte en una parte de quien tú eres, para siempre.

---

* *Idem.*

Y comienzas a crecer, porque el dolor puede despertar dentro de cada uno nuevos valores y una apreciación más profunda de las personas o de las cosas. Puede ayudarnos a replantear nuestras prioridades. El dolor puede hacernos más sabios, por lo que aprendimos con la muerte. Porque nadie puede decir que sabe mucho sobre la vida, si su sabiduría no incluye una relación con la muerte.

Pero esta etapa última del ciclo presenta un problema. No es necesariamente final. Es la imagen de la escalera circular en la poesía de Linda Pastan. Si bien lo negativo del sufrimiento es que, como la muerte, es para siempre, lo positivo es que el crecimiento y el cambio que ofrece, también son para siempre.

En la introducción presenté la imagen de que cada uno de nosotros es como un rompecabezas al que vamos agregando piezas con el paso de los años. Piezas de nuestras experiencias, nuestras relaciones, nuestras imágenes y nuestros recuerdos. Cuando la muerte nos lastima se convierte simbólicamente en una pieza que nos es quitada, arrancada de esa figura que tratamos día a día de crear y recrear. Sin embargo, cuando la observas de lejos, como un artista observa su pintura, la figura parece ser la misma. Solamente cuando te acercas, notarás la falta. *Debemos continuar viviendo como si estuviéramos completos, sabiéndonos incompletos.*

Sólo así tendremos la capacidad de transformar las palabras de clamor y amargura, en palabras de paz y gratitud. Y podremos entender que cuando algo malo nos sucede, el desafío no es explicarlo, justificarlo o siquiera aceptarlo, sino que podamos sobrevivir y avanzar en el camino a nuestra tierra prometida personal.

> Y cuando el dolor lastime tu corazón,
> recuerda que la oscuridad más intensa
> de la noche, es el instante previo al amanecer.
> Y recuerda también que Dios,
> nunca nos hace pruebas que no podamos enfrentar.

LA DULCE TRISTEZA
DE LA INMORTALIDAD

છ૭

Así como la enfermedad es una parte de la vida —y una parte ineludible del destino—, la muerte es una parte de la vida y un destino sin escapatoria. Nuestras más preciadas cualidades, la creatividad, el amor, el valor, provienen del hecho de que sabemos que tenemos que morir. Esto siempre está frente a nosotros. Los niños generalmente son más conscientes de esto que los adultos. Este es un punto muy importante, especialmente si están educando a niños y ellos preguntan acerca de la muerte. El hecho de que moriremos es la fuente de nuestro amor apasionado.

El doctor Maslow ha realizado grandes contribuciones a la sicología. Su casa está en la rivera del río Charles, en Cambridge. Cuando tuvo su primer ataque cardíaco escribió una carta. En aquel tiempo me dijo: "mi río nunca se había visto tan bello como cuando estoy sentado aquí afuera, sabiendo que voy a tener que dejarlo". Y entonces escribió: "dudo que el amor pasional fuese posible si no supiésemos que vamos a morir. El amor apasionado está cimentado esencialmente en el hecho de que estamos solos, que sabemos que nos vamos a extrañar el uno al otro. Y el llanto no es porque haya algo incorrecto en morir, sino porque hemos amado. La muerte recibe su significado del hecho de que los seres humanos pueden amarse unos a otros. Y el amor es lo que hace a la muerte una parte tan importante de la vida. Amamos porque morimos, porque estamos solos, porque nos necesitamos unos a los otros, y porque vivimos en un mundo en el cual la última punta de la ansiedad radica, no en que nos convirtamos en sangre roja, completamente sanos, más bien proviene de que se hacen evidentes nuestras debilidades. Es un balance delicado."

Si uno viviera para siempre, no habría razón para crear nada. La *Novena sinfonía* de Beethoven, las grandes pinturas o los grandes trabajos de Miguel Ángel destacan porque los autores no eran inmortales. Sabían que iban a morir y su gran urgencia era dejar algún legado para nosotros.

Ahora bien, nadie muere en el monte del Olimpo, los dioses nunca hacen nada, ciertamente nada interesante, excepto cuando traen a un mortal. Pero la mortalidad tiene que estar casada con la inmortalidad para darte alguna sazón a la inmortalidad y algún tipo de significado. Zeus, quien era un mujeriego de primer orden, se enamoró de una mujer y Mercurio le dijo: "tú eres Zeus, puedes hacer lo que quieras. ¿Por qué no declaras una pequeña guerra en Grecia para que el marido de tu amada, el joven general, tenga que partir? Puedes bajar enmascarado y hacerle el amor a su esposa". Zeus pensó que era una buena idea y ejecutó la sugerencia. Y cuando regresó a los cielos, le contó a Mercurio lo que la mujer le había dicho: 'ahora que soy joven', o 'cuando sea vieja', o 'cuando muera'.

—Esto me acuchilla, Mercurio —dijo Zeus—. Nos falta algo, Mercurio. Nos falta la viveza de los mortales, la dulce tristeza de aferrarnos a algo que sabemos que no podemos sostener.

Ahora pienso que esas palabras son absolutamente bellas. Esta dulce tristeza de aferrarnos a algo que sabemos que no podemos sostener.

NO LLORES

Anónimo

Que nadie de ustedes llore por mí,
especialmente ustedes, con los que yo he sonreído.
Ni bajen la cabeza con absoluta pena,
no estén de luto, como si el féretro indujera el olvido y
    ocultara todo lo que hemos hecho juntos.
Lo que hemos vivido.
    Recuerden.
No digan que he muerto, que esta es la muerte.
Digan que he vivido, disfrutando cada aliento mortal.
Hemos aprendido y trabajado y forjado.
Hemos buscado lo que nuestras manos querían hacer.
En la búsqueda para elevarnos a más nobles alturas.
Mi vida fue bendita por haber vivido,
mi muerte fue santificada por haber dado.
La vida para mí fue un desafío. Por eso fui feliz al haber
    vivido.

Aquellos que amamos no se van:
caminan a nuestro lado todos los días.
No son vistos, no son escuchados, pero siempre están cerca.
Se les ama todavía, todavía se les echa de menos,
todavía son tan queridos.

UN TESORO DE CONSUELO

En la hermosa obra de Maeterlinck, *El pájaro azul*, los niños Tyltyl y Mytil parten en busca del místico pájaro azul de la felicidad. Un hada les dice que en su camino llegarán a la Tierra de la memoria, donde al girar el diamante mágico del sombrero de Tyltyl verán a todos sus seres queridos que han partido— sus abuelos, hermanos y hermanas. "¿Pero cómo los veremos si están muertos?", pregunta Tyltyl con asombro. A lo que el hada suavemente responde: "¿cómo pueden estar muertos cuando viven en tu memoria?".

Este poder de la memoria para dar inmortalidad a los que amamos ha sido reconocido con gratitud por dolientes de todos los tiempos. La muerte no nos puede robar nuestro pasado. Los días y años que compartimos, las esperanzas y aventuras, los pequeños actos de amor, las alegrías y las tristezas, forman parte de la imborrable historia humana personal. La muerte no domina donde reina el recuerdo y la memoria.

Hace muchos años un hombre sabio dijo que el que toca el alquitrán debe mancharse con él. Si esto es así, entonces también es verdad que aquel que toca lo cálido y luminoso debe llevar a su vida algo de la calidez y de la luz de su ser querido. Por ello, y a pesar del dolor de la partida, en cada corazón permanece para siempre algo que añadimos por haber tenido el privilegio de su compañía, siempre breve y, sin embargo, tan entrañable.

SI YO SUPIERA…

Si yo supiera que iba a ser la última vez
que te viera acostarte a dormir,
te estrecharía un poco más fuerte entre mis brazos
y le pediría a Dios que guarde tu alma.
Si yo supiera que iba a ser la última vez
que te viera salir por la puerta,
te daría un abrazo y luego un beso
y te llamaría para hacerlo de nuevo.
Si yo supiera que iba a ser la última vez,
escucharía tu voz alzarse en alabanzas,
grabaría en video cada acción y palabra
para escucharlas de nuevo, día tras día.
Si yo supiera que iba a ser la última vez,
me sobraría algún minuto
para detenerme y decir *Te quiero*
en lugar de suponer que tú sabrías que te quiero…
Si yo supiera que iba a ser la última vez,
estaría presente para compartir tu día.
Pero como estoy seguro que tendrás muchos más,
qué importa que este se me escape.…
Porque seguramente habrá siempre un mañana
que compense mi falta de visión,
pues siempre nos darán una segunda oportunidad
para que todo quede perfectamente.
Siempre habrá otro día
para decir *Te quiero*,

y seguramente habrá otra oportunidad
para decir *¿algo se te ofrece?*
Pero en caso de estar equivocado,
y que hoy fuera el último día,
me gustaría decir cuánto te quiero
y ojalá que nunca lo olvidemos.
Nadie tiene la vida comprada,
ni los jóvenes ni los viejos,
y puede que hoy sea nuestra última oportunidad
de abrazar con fuerza a nuestros seres queridos.
De modo que si esperas hasta mañana,
¿por qué no hacerlo hoy?
Porque si mañana nunca llega,
seguramente lamentarás el día
en que no te tomaste el tiempo
para sonreír, dar un abrazo o un beso,
y estabas demasiado ocupado para darle a alguien
lo que sería su postrer deseo.
Así que abraza a tus seres queridos hoy
y diles al oído
qué tanto los quieres
y que siempre lo harás.
Toma el tiempo para decir lo siento;
perdóname, por favor; gracias. No te preocupes.
Y si mañana nunca llega,
nunca lamentarás lo que hiciste hoy.

Uno de nuestros pecados cardinales son las cosas que *casi* hacemos, las palabras que *casi* decimos, el amor que *casi* damos. ¿Por qué esperamos hasta que es demasiado tarde?

Viene a colación un bellísimo texto, que leí en un libro escrito por un viejo amigo, Jorge Bucay:

Un día mi madre me preguntó cuál era la parte más importante del cuerpo. A través de los años trataría de buscar la respuesta correcta. Cuando era más joven, pensé que el sonido era muy importante para nosotros, por eso dije:

—Mis oídos, mamá.

—No, muchas personas son sordas y se arreglan perfectamente. Pero sigue pensando, te preguntaré de nuevo.

Varios años pasaron antes de que ella volviera a preguntarme. Desde aquella primera vez, yo había creído encontrar la respuesta correcta. Sin embargo, le dije:

—Mamá, la vista es muy importante para todos; entonces deben ser nuestros ojos.

Ella me miró y dijo:

—Estás aprendiendo rápidamente, pero la respuesta no es correcta porque hay muchas personas que son ciegas, y salen adelante aun sin sus ojos.

Continué pensando cuál era la solución. A través de los años, mi madre me preguntó un par de veces más, y ante mis respuestas la suya era:

—No, pero estás poniéndote más inteligente con los años. Pronto acertarás.

El año pasado, mi abuelo murió. Todos estábamos dolidos. Lloramos. Mi madre me miraba cuando fue el momento de dar el adiós final al abuelo. Entonces me preguntó:

—¿No sabes todavía cuál es la parte más importante del cuerpo, hijo?

Me asusté. Yo siempre había creído que ese era un juego entre ella y yo. Pero mi madre vio la confusión en mi cara y me dijo:

—Esta pregunta es muy importante. Para cada respuesta que me diste en el pasado, te dije que estabas equivocado y te he dicho por qué. Pero hoy necesitas saberlo.

Ella me miraba como sólo una madre puede hacerlo. Vi sus ojos llenos de lágrimas, y la abracé. Apoyada en mí, dijo:

—Hijo, la parte del cuerpo más importante es tu hombro.

—¿Es porque sostiene mi cabeza?

—No. Es porque puede sostener la cabeza de un ser amado o de un amigo cuando llora. Todos necesitamos un hombro para llorar algún día en la vida, hijo mío. Yo sólo espero que tengas amor y amigos, y así siempre tendrás un hombro donde llorar cuando más lo necesites, como yo ahora necesito el tuyo.

Cuando evocamos, surge el recuerdo del hombro en que alguna vez lloramos, y la búsqueda del hombro amigo que nos ofrezca consuelo. Cuando evocamos, sentimos que es el momento en que nuestras almas se afinan para la melodía más profunda y sincera que nuestros corazones pueden crear. Cuando evocamos es el tiempo de nuestro silencio. Cada uno con su imagen personal. Un padre, una madre, un hijo, una hija, abuelos, un marido, una esposa, un hermano, una hermana, un amigo. Y cuando evocamos, la melodía de sus vidas vuelve suave y dulcemente. Como si abriéramos un viejo baúl, los recuerdos y las imágenes van apareciendo y vuelven a emocionarnos.

Cada uno con su historia de amor, única, que continúa dando calor a nuestra vida. Una historia de sueños e ideales, de valores y tradiciones. Una historia en la que ellos y nosotros fuimos los protagonistas. Y que al recordarlos, continuamos escribiendo.

Historias que nos contamos solamente a nosotros mismos, y tal vez a Dios. Historias que recordamos, cuando evocamos, como lo hacemos ahora.

CRISTALES EN EL VIENTO

౭

Raymond A. Zwerin

Creo que los primeros pensamientos significativos que cruzaron por la mente del primer ser humano capaz de tener pensamientos profundos fueron: "¿Qué soy?". "¿De qué se trata?".

Hace unos 2500 años, los salmistas lo parafrasearon de este modo: "¿qué es el hombre, qué es ese ser que Tú has creado?".

El ser humano es la única criatura que representa un problema para sí mismo. Abraham Maslow escribió: "La especie humana es la única especie que encuentra difícil ser una especie". Para el gato, no parece haber problema en aceptar su condición gatuna. Solamente los humanos tienen una búsqueda de identidad, solamente nosotros somos autoconscientes.

Al tratar de hallar las respuestas a las interrogantes "¿qué soy?" y "¿de qué se trata?", hay quien expone razones fáciles y rápidas. Especialmente resultan de muy poca ayuda las respuestas que nos hacen imaginarnos con menos valía de la que poseemos: "El hombre es un animal noble" (sir Thomas Browne); "Un mero insecto" (Francis Church); "Un animal que razona" (Séneca); "Tan sólo una bestia" (Thomas Percy)… Pero no somos bichos ni bestias. Dejemos que esas criaturas se hagan sus propias preguntas filosóficas —si pueden y si quieren— y que ellos nos dejen al margen de sus respuestas.

Algunos pensadores recurren a frases tales como "Pequeñas patatas" (Kipling); "Nacido libre" (Rousseau); "Es un prisionero" (Platón); "Maestro de su destino" (Tennyson); "Ciertamente, completamente loco" (Montaigne). Las citas siguen y siguen. Pero todas ofrecen más resplandor que iluminación. Dicen más acerca de la psiquis de sus autores que de la naturaleza de la humanidad.

Algunos pensadores intentan imprimir su enfoque en cada pieza del bagaje teórico; desean con fervor traducir cada una de nuestras preguntas —y evaluar cada uno de nuestros actos— en función de un sistema particular. Por lo tanto, Marx nos vio en términos económicos; Freud nos vio en términos de nuestras funciones sexuales; Becket nos dejó colgando sobre el abismo epistemológico, esperando a Godot; la Secretaría de hacienda nos percibe como números, que cobran vida cada año.

La respuesta de los salmistas es más poética que el resto, pero no es de mucha más utilidad para nuestro entendimiento: "El hombre es un simple infante en el universo... Insignificante ante lo vasto de los mundos... Hecho a la imagen de Dios, pero un poco menos que la divinidad...".

Tales respuestas no hubieran ayudado al depresivo filósofo Arthur Schopenhauer. Caminando una noche por Berlin, su mente sitiada por los acertijos de la existencia, encontró el camino hacia un parque público. Ahí, un policía lo confundió con un vagabundo. El oficial lo señaló con su bastón: "¿quién eres?, ¿qué demonios estás haciendo aquí?". "Precisamente —respondió Schopenhauer—, ojalá y lo supiera".

Ahora bien, existe un enfoque opuesto hacia toda esta filosofía. Hay muchos que simplemente ignoran las preguntas y se dedican a lo suyo. Para ellos, las preguntas no tienen relevancia alguna. Como en el caso de un pasajero ocasional de un tren que sintió curiosidad al ver a un trabajador de la estación golpeteando las llantas de cada carro con un martillo de metal. Sin conocer el propósito de este acto, el pasajero se acercó al trabajador y le preguntó qué hacía. "No sé. Solamente lo hago porque me pagan".

¿Cuántas cosas damos por hecho? ¿Cuánto hacemos solamente porque siempre lo hemos hecho? Sócrates dijo: "No vale la pena vivir la vida que no es examinada".

Un día vi por casualidad un programa acerca del padre de la antropología estadunidense, Franz Boaz, nacido en Alemania y profesor de la universidad de Columbia por más de 40 años. Era conocido por su estudio de los esquimales y los pueblos indios de Norte y Sudamérica. Él fue responsable, en gran parte, de dos axiomas antropológicos: primero, no hay una persona inherentemente superior a otra (este dardo al corazón del etnocentrismo puso a las teorías de Hitler en evidencia). Segundo, todas las culturas se hacen las mismas preguntas (el "por qué" de la vida) y buscan las respuestas a la enfermedad, la muerte y la felicidad. La cultura es relativa, nos enseñó Boaz. Lo que nos hace diferentes es nuestra manera personal de soportar las realidades de la vida.

Entonces, ¿qué somos, y de qué se trata? Creo que nunca lo sabremos. En realidad, tal vez solamente Dios lo sepa. Pero si no sabemos por qué estamos aquí, por lo menos debemos estar conscientes de que estamos aquí mientras estemos aquí. Como alguna vez dijo Woody Allen en uno de sus instantes lúcidos: "El 80 por ciento de la vida es simplemente aparecer". El significado en la vida se manifiesta con sólo vivirla al despertar cada día, a cada momento, sin importar lo que venga.

El significado viene de buscar bendiciones en cada brisa, en cada acto, en cada nueva experiencia; de encontrar la belleza en cada aspecto de la vida, de la naturaleza del amor y el dolor que, generalmente, nos toma por sorpresa. El significado viene de aparecer y atravesar. De encontrar el humor en la tristeza y la humildad en el triunfo; de hallar fortaleza en nuestra vulnerabilidad y solaz durante las tormentas.

¿Qué es el hombre y de qué se trata? Insisto, puede ser que jamás lo sepamos. Pero durante la vida hemos sido bendecidos para vivir, disfrutar la brisa y sobrepasar las ráfagas. Somos como cristales en el viento que cuando se encuentran su música y su melodía, de alguna manera, perdura.

UN SANTUARIO PERSONAL

છ

En cada persona existe un santuario de recuerdos y amor, y en él residen nuestros seres queridos. Sentimos su presencia, acariciamos su espíritu y los envolvemos en nuestros corazones. Ellos nos hablan, nos cuentan historias. De este modo, el dolor de la separación se suaviza con los recuerdos, el dolor soportado se cura con el amor y nos purificamos y ennoblecemos a través de la pena.

PAULINA Y BERNARDO

∞

> A mis nietos Pau y Ber, que
> dan vida a mi corazón.

Quisiera abrirles mi corazón, con la seguridad de que encontraré su hombro amigo. Y al mismo tiempo les ofrezco el mío. Por ello, no haré referencia a ningún texto filosófico. En lugar de eso, quiero contarles mi historia.

En 1976, Paulina, mi madre, murió. Aún recuerdo el hombro de mi padre cuando nos dieron la noticia. Hasta hoy siento nuestro abrazo. Todo había sido tan rápido… Me quedé con mi padre un corto tiempo, regresé a Brasil y luego comencé a llamarlo casi diariamente. No hablábamos de asuntos profundos. Hablábamos de sus nietas, su orgullo, y como sin querer, él preguntaba para cuándo vendría el varón. Siendo yo hijo único, y habiendo sido toda su familia exterminada en la Shoá, el genocidio nazi contra los judíos durante la segunda guerra mundial, quería asegurarse que habría otra generación Rittner.

Poco tiempo después, su deseo se cumplió. Se paseaba orgulloso con Gabriel y conmigo. Decía a quienes conocía: "Ves, tres generaciones Rittner". Si yo hubiera sabido que sería la última vez… Bernardo, mi padre, murió en 1980. Ya no lo puedo llamar y se me rompe el corazón en pedazos. Pero si pudiera hacerlo le diría:

—Papá, estamos muy solos sin ti. Pensaba en que todas las veces que te llamaba, lo hacía para animarte y hacerte un favor. Ahora me doy cuenta de que tú eras quien me hacía el favor, porque siempre estuviste ahí para mí. Si yo supiera que sería la última vez, te diría: "Pá, cántame una vez más, *'Roshinkes min mandlen'* (canción del folclor idish), y dime que soy tu niño; cuéntame tus historias y bésame en la frente".

Y le diría:

—Pá, me asusta ser ahora el padre, sin nadie que esté entre la eternidad y yo. Es muy solitario, y me da miedo darme cuenta de que no te tengo para decirme que todo estará bien y que no me preocupe porque al final todo saldrá como espero.

Pero principalmente diría:

—Pá, yo solía observarte, sentado, solo, en la sala, escuchando tu música clásica, y pensaba: "Algún día te habrás ido y me sentiré terrible". Pero nunca soñé qué tan angustioso sería, ahora que estoy sentado frente a mi escritorio, aquí en México, solo, y sin tenerte a ti o a mamá para llamarlos. Si tú supieras lo triste que estoy sin ti, no te hubieras muerto.

Y entonces, regreso de mis recuerdos y dejo todo y me voy a jugar con Paulina y Bernardo, mis nietos, y me consuelo, imaginándome que la rueda del alma sigue girando, y ellos y nosotros, seguimos juntos, contando y escribiendo nuestra historia, la tuya, la mía, la de ellos, la nuestra.

Evocamos y cada uno permanece con su historia personal. Y con sus propios lamentos y arrepentimientos.

Ah, las cosas que *casi* hacemos, las palabras que *casi* decimos, el amor que *casi* damos. ¿Por qué esperamos hasta que es demasiado tarde? Si yo supiera que sería la última vez. Si tú lo supieras… ¿Qué nos enseñan estas historias, la tuya, la mía? Que si puedes, debes llamar a tus padres, a tu esposo o esposa, a tus hijos y decirles cuánto los amas, lo mucho que significan para ti y lo miserable que te sentirías sin ellos. Y busca su hombro y abrázalos intensamente. Porque la verdad es que no sabemos cuándo será la última vez. Y esa es la mayor lección que esta hora nos enseña. Que la vida es frágil y somos mortales. Y que es la muerte la que nos da la conciencia de la vida. Que la muerte está tan segura de su victoria, que nos da toda una vida de ventaja. Y que debemos estar para los otros, hoy, para que no tengamos que llorar también por los días y las horas que se han perdido, por los momentos que hemos desperdiciado. ¿Qué mejor manera, entonces, de recordar y honrar a quienes amamos, que comprometernos a vivir cada día como si no hubiera mañana?

> Si yo supiera que iba a ser la última vez
> que te viera acostarte a dormir,

te estrecharía un poco más fuerte entre mis brazos
y le pediría a Dios que guarde tu alma.
Si yo supiera que iba a ser la última vez,
me sobraría algún minuto
para detenerme y decir *Te quiero*
en lugar de suponer que tú sabrías que te quiero…
Y puede que hoy sea nuestra última oportunidad
de abrazar con fuerza a nuestros seres queridos.
Y si mañana nunca llega,
nunca lamentarás lo que hiciste hoy.

Cuando recordamos, tú y yo, hombro con hombro a quien perdimos, evocamos la melodía de sus vidas. Cada uno, silenciosamente recordando su propia historia de amor.

EL HOMBRE ES MÁS QUE
SUS PERTENENCIAS*

ಲ

Con frecuencia pasamos por lugares donde podemos leer letreros que anuncian: "Venta de Garaje, precios regalados". Cuando veo esos anuncios, me estremezco. Siento que hay algo doloroso al ver que las pertenencias de una persona, que han sido acumuladas durante el transcurso de toda una vida, están siendo rematadas. También lo siento cuando los hijos de un difunto vienen a mi oficina después de la muerte de alguno de sus padres, cargando cajas de cartón. "Estos eran los libros hebreos de mis padres. Pensamos que sería bueno donarlos al templo". Los recibimos agradecidamente. Pero les confieso que en mi interior estoy molesto porque esos libros representan una gran parte de quien era la persona, y ahora sus hijos los regalan puesto que, según declaran, ya no los necesitan y, además, ocupan mucho espacio.

Los medios de comunicación y la publicidad han creado una adicción llamada "comprar compulsivamente". Y esta industria busca que todos nos convirtamos en compradores compulsivos. Nos da motivos interminables y nos dice que no seremos completamente felices a menos que compremos este o aquel producto. Así que compramos y compramos y nuestros hogares están repletos de "pertenencias" que adquirimos impulsivamente y que luego no sabemos dónde poner. Así, los carteles de venta de garaje se han convertido en rituales de nuestra vida.

Pero el tipo de venta más triste es la de posesiones de alguien que ha fallecido. Porque nos dice que la nueva generación, los hijos del duelo, no quieren nada de lo que dejó la generación anterior. Puede ser una lámpara

---

* Gracias a Jack Riemer por su idea.

100

o un libro, un escritorio o un cuadro. ¿Quién puede saber lo que estos objetos realmente significaban para su dueño original? ¿Qué puede ser más triste que ver cómo estos objetos son vendidos por sus herederos?

El Rey Salomón, quien según la tradición judía es el autor del libro de Eclesiastés, vio que la gente de su época trabajaba duro para acumular posesiones y vio que sus herederos trataban lo que ellos habían acumulado sin interés, así que escribió: "¡Vanidad de vanidades, todo es vanidad! ¿Qué provecho obtiene el hombre de todo el trabajo que realiza bajo el sol?".

El rey se lamenta que una persona pueda trabajar duro durante toda su vida y que luego tenga que dejar todo lo que acumuló a alguien que no comprende lo que significan sus posesiones. Y concluye su libro con estas palabras: "A final de cuentas, y cuando ya se ha ido todo, teman a Dios y sigan sus mandamientos, porque esto es el todo del hombre". Que no sea lo que se diga de nuestra vida y de nuestras pertenencias. Que no sea lo que se diga de la venta de nuestras cosas, que *esto es el todo del hombre*. En vez de ello, vivamos de tal manera que cuando llegue nuestra hora les dejemos a nuestros hijos menos pertenencias y más carácter, más recuerdos, más valores y una guía sobre cómo vivir.

Creo que es un momento para pensar qué es lo que realmente le dejaremos a nuestros hijos. ¿Serán "pertenencias" que no podrán valorar, que no combinarán con la decoración de sus hogares, que acabarán en un bazar de beneficencia o en una venta de garaje? O ¿Serán valores que les habremos enseñado a través del ejemplo?

Cada uno puede observar su propia cosecha, y cada uno como en el Eclesiastés, debe preguntarse: "¿Qué provecho hay para el hombre en todo el trabajo que realiza bajo el cielo? ¿Qué permanecerá y será apreciado después de que hayamos partido, y qué será vanidad de vanidades?" Y nadie puede responder estas preguntas por ustedes.

Y yo creo que de la misma forma como cada uno de nosotros tiene una agenda de compromisos, deberíamos tener una agenda espiritual que nos ayude a ordenar nuestras vidas y nuestros valores, para que quienes realmente somos y lo que realmente representamos, no terminen en un bazar de beneficencia. Puesto que a final de cuentas, "Hay más en un hombre que sus pertenencias".

Conservar el calor,
a pesar del paso del tiempo

PODER CONSERVAR EL CALOR

ର

A la memoria de rabí Shlomo
Carlebaj, de cuya boca escuché
esta historia y muchas más.

Un viajero en Jerusalén se encontró con un anciano. El visitante quedó
conmovido por la gentileza y calidez del viejo. Le preguntó a qué se debía
que fuera tan amigable.

—¿De dónde sacó usted su calidez?

Una pregunta compleja, pero el anciano tenía una respuesta. Contó
que tenía siete años de edad cuando abandonó Polonia y el Shabat antes
de su partida, su padre lo llevó con el rabino para recibir una bendición.
Pasaron la noche en su casa y acomodaron al niño para que durmiera en
el estudio del rabino.

El aire era tan puro, los libros tan sagrados y estaba tan emocionado,
que no podía conciliar el sueño. A medianoche escuchó un sonido, así que
se hizo el dormido. Era el rabino, quien entró en la habitación, lo observó
y dijo en un susurro:

—Qué criatura tan dulce.

Luego el rabino pensó que tal vez tendría frío, así que se quitó su abrigo
y lo colocó con suavidad sobre el niño.

El anciano se volvió hacia el viajero y concluyó:

—Ya casi tengo 80 años. Esto sucedió hace 73 años y aún conservo el
calor de ese abrigo.

Esto, en una frase, es de lo que se trata la memoria: rescatar recuerdos,
porque en algún momento de nuestra vida alguien a quien amábamos nos

cubrió con su abrigo. Ese acto nos transmitió algo de su espíritu; nos dio el toque de su amor. No importa hace cuánto tiempo haya sido. De esos abrigos, aún conservamos el calor.

RECUERDOS

ಐ

Manejaba mi automóvil cuando escuché en el radio una vieja melodía. Era una de mis preferidas en mi juventud. Una canción sobre el amor que se encuentra y el amor que se pierde. En el último verso Janis Joplin exclama con sentimiento: "¡Cambiaría todos mis mañanas por un solo ayer!".

Hasta ahí yo no estaba cantando tan mal, pero en ese momento, se me atoró la voz en la garganta y no pude continuar. En ese momento las escuetas palabras de una simple canción me recordaron que yo no me encontraba tan alejado del dolor de una pérdida. Uno puede evocar fácilmente a quien perdió y relacionarlo con los sucesos más inocentes. El aroma de cierta comida hecha en casa, un lugar, un perfume, una palabra. Esos momentos llegan directamente al sitio de nuestro corazón que hemos reservado especial y secretamente para aquellos que colocamos allí mucho antes de su muerte, y que allí continúan viviendo. Son momentos que nos hacen afirmar que desearíamos tener un ayer más. Declaramos que cambiaríamos algunos mañanas por un ayer junto a quienes ahora recordamos. Un padre o una madre (o ambos), un hijo o una hija, nuestros cónyuges, un hermano o hermana, amigos o amigas queridas, todos y cada uno de los que crearon un lugar en nuestro corazón y allí permanecen eternamente.

Y mientras recordamos de una manera íntima y cuidadosa, cada uno abre su libro del recuerdo personal; pasamos las hojas con las imágenes y las palabras, volvemos a sentir su presencia a nuestro lado y a la vez su ausencia. Y como una extraña paradoja, al tiempo que sentimos nuestro corazón quebrado por su ausencia, nos sentimos más fuertes porque ellos siguen a nuestro lado.

Un viejo sabio declaró: "no existe nada tan entero en todo el mundo como un corazón roto".

Esto lo podemos aprender de uno de los eventos más dramáticos de la Biblia. Me refiero al episodio del becerro de oro. Ante la aparentemente interminable ausencia de Moisés, el pueblo se desespera y, dominados por el temor, se vuelcan a la creación del becerro. Cuando Dios le dice a Moisés lo que sucedió, este trata de aplacar el enojo divino, pero cuando baja y ve lo que el pueblo ha hecho en su ausencia, destroza las tablas.

Más allá de su enojo, de la aparente falta de carácter de su hermano Arón para impedir que el pueblo construyera el becerro, de la justificada reacción de Dios y de la propia inmadurez del pueblo, queda una pregunta: ¿qué sucedió con los pedazos de las tablas rotas?

Estos fragmentos son un valioso recuerdo de un momento crítico en la historia del pueblo judío, pero —curiosamente— nunca más vuelven a ser mencionados. ¿Acaso la gente no hubiera querido recoger los pedazos del mensaje directo de Dios? ¿Acaso no atesoramos cosas que nos unen con la historia, con nuestro pasado personal? Piensen en la gente que guardó fragmentos del muro de Berlín cuando fue destruido; o simplemente consulten a su propia memoria y vean, a pesar del tiempo, cuántos objetos atesoran de un ser querido. Es como una inclinación humana básica.

En la literatura rabínica encontramos varias propuestas sobre el destino de estos pedazos de piedra. Una señala que existían dos arcas, una para las tablas enteras y otra para las tablas rotas. Segunda explicación: Moisés recogió y guardó los pedazos. La tercera la ofrecen las palabras de Rabí Yehudá: "tanto las tablas completas como las piezas rotas se guardaron juntas en la misma arca".

Y esa imagen de un arca que contiene tanto las tablas completas como los pedazos rotos, me hace pensar acerca de una profunda verdad en nuestras vidas: "En el arca de nuestra vida —en esa arca representada por nuestra memoria—, cada uno de nosotros carga piezas rotas junto con partes completas".

Las tablas enteras de tu vida. Tus alegrías, tus victorias, tus sonrisas, tus sueños hechos realidad. Y las partes rotas, las tristezas, el dolor, las decepciones. Porque los recuerdos y las experiencias acumuladas a lo largo de nuestra vida no se pueden dejar atrás ni pueden ser olvidadas ni desaparecidas. Porque las piezas son parte de quienes somos. Ellas van donde nosotros vamos.

Cuando la vida nos enfrenta al dolor, a la muerte o a otras dificultades, lo que diferencia a quienes pueden seguir adelante y aquellos que no lo logran es tener el equilibrio entre las partes y lo entero de nuestro espíritu.

Es verdad que mientras algunos nos agobiamos tanto con el dolor, hasta el punto de permanecer inmovilizados en el pasado con las partes rotas de nuestra vida, otros se mueven más rápidamente, provocan una amnesia intencional para dejar atrás el dolor. Lo más sabio es poner las dos tablas de nuestra vida dentro del arca que guardamos en nuestro corazón para así llevarlas en nuestro viaje personal.

El mundo y la vida nos golpean a todos, pero después muchos se fortalecen en las partes lastimadas. Estamos completos si estamos incompletos. Estamos completos por lo que no tenemos. Sólo así podremos avanzar y transformar el dolor en algo positivo: guardando lo entero junto con las partes rotas. Porque cada una tiene su lugar en el arca del corazón de la vida. No existe nada tan entero en todo el mundo como un corazón roto, y tarde o temprano, cada uno de nosotros lo comprenderá.

RECUERDOS… Y MEMORIAS

ౚ

Tengo la costumbre que cada vez que leo algo que me impacta, me conmueve o que creo puede serme útil, lo recorto o lo copio y lo guardo en carpetas divididas por temas. Hay uno de ellos que quiero compartir con ustedes.

Es una hoja con la letra de una canción que fue popular hace poco tiempo. Cuando la escuché se me llenaron los ojos de lágrimas, y al saber la historia detrás de la canción, me conmoví más. Su autor es Eric Clapton y la canción se titula "Tears in heaven". Lo que me conmovió es que la compuso para su hijo —creo de ocho o nueve años— que murió al caer accidentalmente por la ventana de su departamento.

Es un padre que le canta a su hijo y al evocarlo le dice: "¿Sabrías mi nombre si me vieras en el cielo? ¿Serías el mismo si te viera en el cielo? Debo ser fuerte y seguir adelante porque sé que no es mi lugar, aquí en el cielo. El tiempo puede humillarte, el tiempo puede doblar tus piernas, el tiempo puede romper tu corazón y hacer que, de rodillas, pidas por favor, por favor… ¿Me tomarías de la mano si te viera en el cielo? ¿Me ayudarías a caminar si te viera en el cielo? Encontraré mi camino, por la noche y el día, porque sé muy bien que no podré quedarme… Aquí en el cielo".

¿No es esta canción la síntesis de la duda que tenemos aquellos que perdimos a un ser querido? ¿Nos reconocerían? ¿Sabrían quiénes somos? ¿Serán ellos los mismos que eran al partir? ¿Cómo será el tiempo? ¿Nos abrazarían? ¿Caminaríamos juntos? ¿Haríamos lo que dejamos de hacer cuando estaban con nosotros, pensando que siempre lo estarían? ¿Y al separarnos, qué les diríamos que no pudimos decirles en vida? ¿Reconocerán nuestras lágrimas, nuestra voz?

Un amigo me escribió al respecto: Clapton no ve a su hijo, pero lo siente. Y en su imaginación se transporta por algunos instantes junto a su ser querido.

¿No es el sentimiento que nos debería dominar en la hora de la evocación? Al recordar uno consigue que el cielo se transporte a nosotros, o nosotros hasta el cielo, a nuestro interior; y poder estar de visita allí o aquí, pero juntos, es una oportunidad maravillosa de sentir de cerca la presencia de nuestro ser amado. Más aún, de permitirnos sentir el dolor y la alegría simultáneamente; el dolor de haberlos perdido y la alegría de recuperarlos en la oración y en este viaje.

Las preguntas y las lágrimas. La memoria y la presencia. Por la memoria, por la oración. Por la melodía, misteriosa y milagrosamente, durante un sublime instante, volvemos a estar juntos.

LO QUE MIS NIETOS ME ENSEÑARON

ജ

A Teya y Moi, gracias, los quiero mucho.

El año pasado, mi nieta, quien tiene siete años, me hizo redescubrir a Disney.

Claro que el mundo encantado de Disney estaba por ahí cuando yo crecí; pero no era para nada como lo que es hoy. Cuando yo crecí, vi *Blanca Nieves*, *Bambi*, y algunas otras películas. Pero las vi en el cine, una sola vez.

Desde el año pasado, descubrí que mi nieta no solamente ha visto más largometrajes de Disney de los que yo vi en toda mi infancia, sino que también ha visto cada uno de ellos por lo menos diez veces, algunos hasta cincuenta veces, en el video. Esto basta para influir en la manera que crece un niño y mira al mundo. Como alguien preocupado por la forma y fondo que tendrán estas influencias en la vida de mis nietos, debo preguntarme de qué manera Disney está influyendo sus percepciones. También he pensado mucho en cómo puedo yo ayudar a formar esas percepciones.

Lo que puedo, y debo hacer, es animarla a pensar críticamente acerca de lo que está viendo, y llegar a entenderlo. Y fue así como descubrí que también por medio de las películas de Disney hay importantes conceptos y lecciones que pueden aprenderse.

Una de las favoritas de mi nieta es la película *El rey león*. Para resumir las partes claves de la historia, el joven león, Simba, es el hijo y el sucesor al trono del rey león – Mufasa. El tío de Simba, el hermano del rey, fragua un plan para apoderarse del poder, matar a Mufasa y convencer a Simba que es el culpable de la muerte de su padre. Él persuade a Simba que debe huir y nunca volver. Antes de que se lleve a cabo el trágico plan, Mufasa le dice a Simba que aún después de su muerte siempre estará con él; que podrá verlo por la noche entre las estrellas en el cielo, junto a todos los

112

demás reyes anteriores. Años después, cuando Simba ha crecido, adopta un estilo de vida alegre y feliz en el exilio. Una amiga de la infancia lo encuentra, y trata de convencerlo de regresar y tomar el lugar que le corresponde como rey; deshacer todo el daño que su tío ha hecho a su tierra natal. Simba se niega al principio, pues no puede enfrentarse al dolor de su culpa por haber sido responsable de la muerte de su padre, según cree él. Se rehúsa a hablar acerca de ello. Se siente dividido entre la comodidad funcional que ha encontrado en el exilio, mientras dejaba su pasado detrás, y un sentido residual de responsabilidad hacia los leones de su tierra natal, sentimientos que despierta su amiga de la infancia. Mira al cielo en la noche, esperando obtener ayuda de su padre, pero no encuentra nada. Grita: "padre, ¿en dónde estás? ¡Tú dijiste que siempre estarías ahí para mí!".

En este punto, un sabio mono, enterado de que Simba está vivo y en el exilio, va a buscarlo y llama la atención del león. Simba dice: "¿quién eres?" El mono dice: "la pregunta es, ¿quién eres tú?" Simba le responde: "creí saberlo, pero ahora no estoy seguro". El mono dice: "yo sé. Eres el hijo de Mufasa". Simba pregunta: "¿conociste a mi padre?" Y el mono responde: "corrección. Conozco a tu padre". Simba dice: "siento decirte esto, pero mi padre murió hace mucho tiempo". Pero el mono añade: "incorrecto. Tu padre aún vive. Sígueme y te lo mostraré". Simba sigue al mono a un tranquilo estanque. El mono señala las quietas aguas. Simba se asoma y dice: "este no es mi padre. Sólo es mi reflejo". "No", dice el mono. "Mira mejor. Él sigue vivo a través tuyo". De pronto, Simba ve una imagen de su padre, la cual le habla. "Simba, me has olvidado". "¡No!" grita Simba. "¿Cómo podría?" Su padre le responde: "has olvidado quién eres, por lo que me has olvidado; mira en tu interior, Simba. Eres más de lo que te has convertido. Debes tomar tu sitio en el círculo de la vida". Simba pregunta: "¿cómo puedo regresar? No soy quien solía ser". Su padre responde: "recuerda quién eres. Eres mi hijo y el único rey verdadero. Recuerda quién eres". En este punto, la imagen del padre comienza a desvanecerse, y Simba exclama: "¡no me dejes!" Solamente se oye la voz del padre que se extingue, pronunciando dos palabras más. "Recuerda, recuerda". Con un poco de más ayuda por parte del sabio mono, Simba regresa a su tierra y toma el lugar que por derecho le corresponde como rey.

Esta escena tiene un mensaje particularmente conmovedor.

Cuando realmente recordamos quiénes somos, que somos más de aquello en lo que nos hemos convertido, reconocemos la necesidad de cambiar. Después de que Simba acepta el hecho de que debe recordar quién es, reconoce la necesidad de cambiar, a lo cual responde el sabio mono: "el cambio es bueno". Simba dice: "sí, pero no es fácil. Sé lo que tengo que hacer, pero regresar significa que deberé enfrentar mi pasado. He huido de él por tanto tiempo". El mono golpea a Simba en la cabeza con una vara. Simba pregunta: "¿para qué fue eso?" Y el mono responde: "no importa. Fue en el pasado". Simba responde: "sí, pero todavía duele". El mono dice: "oh, sí, el pasado puede doler, pero como yo lo veo, puedes ya sea huir de él o aprender de él".

Cambiar no es fácil. Puede parecer más fácil huir de tus defectos; decirte a ti mismo que la manera en la que vives tu vida está bien. Podrás pensar que de este modo, puedes evitar el dolor de enfrentar el hecho de que te has convertido en menos de lo que realmente eres, pero solamente estás aplazando el día de calcular y desperdiciar más años de tu vida.

Somos el producto de nuestros padres y de sus padres antes que ellos, en quienes Dios ha implantado una chispa divina que nos permite cumplir con Sus mandamientos, para actuar de maneras en las que traigamos Su presencia al mundo. Cuando los recordamos, nos obligamos a enfrentarnos a nosotros mismos y aprendemos que ellos siguen vivos en nosotros.

Y TÚ, ¿CÓMO SERÁS RECORDADO?

Cuando yo era niño, nunca salía de casa sin besar a mis papás.

Me gustaba besar a mi mamá porque su mejilla se sentía suave y cálida; a mi papá, porque la suya se sentía áspera y barbona. Siempre sentí que fui alguien importante para mi papá. Cada noche llegaba a casa con un regalo. Un chocolate, alguna revista, un juguete… Y yo lo esperaba ansiosamente. La puerta se abría de golpe y ahí estaba parado. Yo corría hacia él y lo abrazaba mientras me levantaba en sus brazos y me cantaba sus melodías en idish. Yo era un niño feliz. Pero lentamente todo comenzó a cambiar. Al principio no me di cuenta. Tal vez yo estaba muy ocupado con la escuela y con jugar con mis amigos en la calle. Papá comenzó a llegar tarde y la mayoría de las veces yo ya estaba durmiendo, los regalos se hicieron mucho más esporádicos. Lo extrañaba. Pero no supe expresarlo.

Cuando crecí entendí que fueron años muy difíciles en su trabajo y supe de todo su sacrificio para que nada nos faltara a mamá y a su *Mordjele*, como él cariñosamente me llamaba. Lo recuerdo cada día. Veo su foto y deseo su presencia aquí, hoy. Le contaría lo que está sucediendo en mi vida y hasta le pediría algún consejo, algo que antes jamás hubiera hecho. Les mostraría a sus nietos y bisnietos, le pondría mis brazos alrededor de su cuello y le diría:

—Papi, no me tienes que traer nada, sólo ven temprano a casa. Necesito escuchar tus historias y tus melodías —y lo llenaría de besos.

Recuerdos y memorias de un papá, una mamá, un esposo, una esposa, un hijo o hija, una hermana, un hermano, un amigo. Un álbum de fotografías que abrimos con el corazón y un libro de recuerdos personales que en este instante, íntimamente, comenzamos a hojear silenciosamente.

¿Qué imágenes vienen a tu mente cuando evocas? ¿Cuál era su fuente de alegría? ¿Cuál fue su mayor pasión? ¿Qué era lo que más le preocupaba? ¿Cuáles eran sus frases más célebres? ¿Qué es lo que más recuerdas de él o de ella? ¿Cuál era su música preferida? ¿Su comida predilecta? ¿Qué es lo que más extrañas de él o de ella? ¿Qué es lo que resalta al evocar la vida de nuestras madres, nuestros padres, de nuestros seres queridos? ¿Su amor, su ternura, su afecto? ¿Su lucha y sacrificios? ¿Su sonrisa, sus palabras de consuelo? ¿Sus melodías, sus historias? ¿Su humor o su carácter enojón? ¿Su integridad? ¿Sus caricias y sus abrazos?

Me aventuraría a sugerir que somos, en gran parte, producto de nuestros recuerdos. Somos el resultado acumulado de todas las cosas que nos sucedieron a lo largo del camino. Somos quienes somos por la gente y las experiencias que logramos recordar.

A pesar del dolor que nos produce el recordar, lo hacemos porque son estos recuerdos los que dan sentido a nuestra vida. Porque si no los tuviéramos atesorados, seríamos como aquellos que sufren de Alzheimer. No sabríamos quiénes somos.

Necesitamos de los recuerdos para definirnos, para que nos digan quiénes somos, cuál es nuestra historia personal, cuáles son nuestros valores y nuestras raíces. Nuestros recuerdos nos dan forma. Nos definen.

Recientemente leí un artículo sobre un asistente social en Miami que trabajaba con un grupo de personas entre los 70 y 80 años, todos ellos sobrevivientes del Holocausto. Se suponía que el objetivo del grupo era poder mantenerlos informados con diversas actividades, pero cada vez que se reunían, sólo querían hablar de sus experiencias durante la guerra. Finalmente, el profesional, un tanto molesto, les dijo:

—Esas debieron ser experiencias muy malas. ¿Por qué siguen inmersos en ellas?

—Tienes razón —respondió uno de ellos: Esos años en los campos fueron el mayor dolor que jamás sentí. Pero también son la cosa más importante que me sucedió. Si elimino esos recuerdos, si me escondo de ellos porque son muy dolorosos, no sería más yo. Sería otra persona.

Sospecho que muchos de nosotros podemos entender este razonamiento. Hemos sido formados por momentos dolorosos en nuestras vidas: las pérdidas, rechazos, fallas, las relaciones que no funcionaron. Pero también hemos sido formados por momentos significativos, algún éxito o logros, la presencia del amor. Recordaremos a gente que se fue de nuestro lado demasiado pronto, mientras los queríamos y necesitábamos. Descubriremos palabras de aprecio, palabras de disculpa y reconciliación, que nunca fueron dichas porque alguien murió antes de manifestarlas o antes de que estuviéramos listos para pronunciarlas. Porque vivimos posponiendo. Mañana las diré. Y ese mañana nunca llegó. La mayor parte del tiempo esas cosas nos hacen sentir mal. Nos hacen sentir desamparados.

¿Hubo algo más que pudiéramos haber hecho? Ahora es demasiado tarde: lo pospuesto es nuestra carga en el camino de la vida. Pero a pesar del dolor que nos provoca, necesitamos aferrarnos a esos sentimientos. No podemos borrarlos de nuestro banco de memoria porque son una parte muy importante de lo que somos. Si suprimimos los recuerdos porque no nos gusta pensar en ellos, corremos el riesgo de dejar de ser nosotros y pretender ser alguien más, alguien a quien jamás le sucedieron esas cosas. Y nuestro libro de recuerdos se convertiría en páginas en blanco. ¿Puedes imaginarte vivir y no tener qué recordar?

No, yo no quiero olvidar mis pérdidas, las personas y lugares amputados de mi vida, aún cuando algunas de las pérdidas sigan doliéndome porque son una parte muy importante de mí. Si las olvidara, sería una persona incompleta.

Ahora bien, ¿con qué tipo de recuerdos estaremos presentes en quienes nos rodean? ¿Cómo nos evocarán? ¿Será con reminiscencias de amor? ¿Crecerán ellos con memorias semejantes a las que muchos de nosotros crecimos, de padres revisando nuestra tarea, queriendo saber qué libros estábamos leyendo, quiénes eran nuestros amigos? Y si los recuerdos son los objetos de mayor valor que poseemos, ¿por qué no nos preocupamos más por dejarles una gran herencia de bellos recuerdos y no sólo bienes materiales? ¿Por qué serás recordado? ¿Se acordarán que siempre estuvimos para ellos o que estuvimos muy ocupados para estar con ellos?

Lo mejor y lo más hermoso de la vida no puede ser visto ni tocado, sólo puede ser sentido en el corazón. Que nuestro recuerdo y nuestras acciones posean esa calidad de corazón mientras recordamos a aquellos que nos han inspirado.

SABER ELEGIR

&

Hace algunos años y de manera destacada, los periódicos y la televisión estadunidenses, anunciaban el resultado de una votación que fue auspiciada por la Oficina de correos y en la que participaron más de un millón de personas. Entre la gente que votó hubo una emoción, pasión y un involucramiento personal pocas veces visto.

Cuando el director general de correos fue a la ciudad de Memphis y anunció los resultados de la elección, había una enorme tensión en el recinto. Dio a conocer que la mayoría se había manifestado a favor del retrato de Elvis Presley cuando era joven. Venció al retrato de Elvis Presley durante su ocaso; por consiguiente, aquélla sería la imagen que aparecería en la estampilla de correos emitida en honor a su memoria.

Menciono esta nota periodística porque me hizo razonar lo siguiente: cada vez que tú decides evocar a tu ser querido haces este tipo de elección. En efecto, evocamos imágenes de nuestros padres, hijos, hijas, maridos o esposas, hermanos, amigos, de toda la gente con la cual nos hemos relacionado y ha partido. Y cada vez que lo hacemos, debemos elegir cómo habremos de recordarlos. ¿Los recordaremos jóvenes o en su vejez? ¿Cómo eran en su mejor momento o cómo eran cerca del fin de sus vidas? Cada vez que evocamos, instintivamente decidimos cuál recuerdo, cuál imagen o retrato de nuestros seres queridos habremos de evocar.

Y yo pienso: ¿debería recordar a mi padre como era al final, cuando su mente perdía agilidad y sus manos temblaban? ¿O debería recordarlo como solía ser durante mi infancia, adolescencia o en los momentos centrales de mi vida?

¿Debería recordar a mi madre cuando se sentaba en la mesa, festiva, feliz de tener a su familia reunida? ¿O cuando sus ojos destellaban orgullo al

118

tener a su nieta en brazos? ¿O debería recordarla como era al final, cuando luchaba contra un cáncer que finalmente la derrotó?

Les confieso que en los primeros años posteriores al fallecimiento de mis padres sólo podía recordarlos como habían sido durante el tiempo difícil. Pero ahora que han pasado algunos años puedo evocarlos como eran en sus mejores tiempos. Y cada vez que lo pienso, me toca elegir de qué manera los recordaré.

Y de acuerdo a como decidamos recordarlos nos afectará. Ya sea que escojamos recordarlos cuando eran felices o tristes, enojados o satisfechos, la elección determinará, al menos en parte, qué tan felices o tristes o enojados o satisfechos estaremos nosotros. Así, pensemos por unos minutos sobre cómo deberíamos recordarlos.

¿Cuáles son nuestras alternativas? Podemos recordarlos en sus mejores momentos. O si queremos, podemos incluso magnificar, glorificar y exagerar sus virtudes. Muchas personas hacen eso. Exageran y enaltecen las cualidades de sus seres queridos que ya no se encuentran entre nosotros.

¿Cómo recordarlos?

Acerca de este tema hay un pasaje en el Talmud* que me perturba: "Si nuestros antepasados eran como ángeles, entonces somos seres humanos; si nuestros antepasados eran solamente seres humanos, entonces nosotros somos como burros". Me trastorna porque es una expresión de la tentación de glorificar y magnificar e idealizar a los que se han ido, y hacer esto puede ser negativo.

Tenemos una segunda opción. Podemos recordarlos, si así lo queremos, en sus peores momentos. Podemos preservar nuestras heridas y quejarnos todo el tiempo. Esta idea es tentadora. Culparlos de todos nuestros problemas, de todos nuestros defectos y todos nuestros pesares. Pero sería inclinarnos hacia el otro extremo.

Mi sugerencia es que votemos, no por un retrato específico de aquellos a quienes recordamos, sino por un collage de retratos. Sugiero que los recordemos como eran, y como intentaban ser. Que los recordemos, no con una

---

* Obra enciclopédica que trata asuntos legales, éticos e históricos. Comprende 8 siglos, entre 300 AC hasta 500 DC aprox.

lupa que enfoque cada falla y defecto, sino con un tipo de cámara que sea gentil con ellos y que vea sus fallas con cierta perspectiva.

¿Saben cuál es la más antigua maldición materna? Recuerdo a mi mamá repitiéndomela con frecuencia. "Que Dios te dé un hijo como tú". Y Dios la escuchó. Pero el otro lado de la moneda es que nuestros padres quizás tuvieron padres que fueron como ellos. Y si cometieron errores al criarnos, tal vez fue debido a la forma en que ellos fueron criados o por las experiencias que la vida les hizo enfrentar y que muchas veces, en nuestra inmadurez, no supimos comprender.

Si los recordamos con sabiduría, con capacidad de perdonar y pedir perdón, con imágenes que puedan despertar una sonrisa o provocar una lágrima de nostalgia, si los recordamos comprometidos en completar sus sueños truncados, agradecidos de que tocaron nuestra vida y compartieron una parte de nuestro viaje por ella, entonces su memoria será una bendición para nosotros y todos los que vendrán después de nosotros.

La elección que se llevó a cabo para determinar cuál imagen de Elvis estará en la estampilla pronto será olvidada. Pero la *elección* que hagamos sobre cómo recordaremos a aquellos que amamos y que se han ido, tendrá relevancia en nuestras vidas por un largo tiempo. Por eso debemos elegir sabiamente. Con sensibilidad.

TEJIDO CONGELADO

୫

Recientemente aprendí un término médico: "tejido congelado". Me enteré de que los médicos toman una pequeña muestra de un tejido y lo examinan. Luego lo fechan y utilizan como punto de referencia. Seis meses o un año después, toman otra pequeña muestra de tejido y lo comparan con el anterior para poder encontrar los cambios que puede haber habido dentro de nosotros.

Cuando supe de esta práctica, me pregunté: ¿qué tejido podría yo querer que tomaran de mí, y cuándo? ¿Qué fecha de mi vida, qué acto mío quisiera yo que fuera mi punto de referencia? ¿Con cuál imagen, qué fotografía, con qué memoria de mí quisiera ser recordado? Elegiría el día de hoy para extraer mi "tejido congelado": nunca en mi vida he sido tan viejo como lo soy hoy, y nunca volveré a ser tan joven como lo soy hoy.

Así que intentaré vivir mi vida el día de hoy de manera tal que los que vengan después de mí, puedan recordarme con placer. No quiero que me recuerden como un ángel, porque no lo soy, o como una persona perfecta y sin defectos: ellos me conocen demasiado bien para saberlo. Espero que no me recuerden como alguien que los hirió, que los lastimó deliberadamente o por error. Espero que ellos me recuerden como una persona algo buena, como alguien que intentó hacer algo de bien lo mejor que pudo. Alguien que trató de ser socio de Dios para construir una mejor sociedad. Si puedo ser recordado así por aquellos que amo, si este puede ser mi "tejido congelado", tanto ellos como yo seremos muy afortunados.

Elijamos con amor, elijamos con sabiduría. Pero elijamos recordar.

La muerte como maestra
de la vida

PARA LOS VIVOS QUE NO RECUERDAN
LA VIDA...

ༀ

Anónimo

Sí, estoy muriendo, pero todavía soy la misma persona de siempre. Mi nombre y dirección no han cambiado, y todavía tengo el mismo teléfono.

Sí, estoy muriendo, pero todavía necesito que me necesiten. Ahora más que nunca. Necesito lugares que visitar, gente con quien estar y cosas que hacer. No estoy tratando de escapar a la realidad de mi situación, pero tampoco quiero quedarme en casa sin nada que hacer más que pensar en mi situación.

Sí, estoy muriendo, pero todavía se me pueden acercar. Se pueden sentar junto a mí, darme la mano, abrazarme. Mi enfermedad no es contagiosa. No he sido aislado por mis doctores.

Sí, estoy muriendo, pero todavía me pueden mandar tarjetas y flores. Después de mi operación, el cartero habrá pensado que soy una celebridad. Hoy me encontré con el buzón vacío. Incluso una cuenta o un anuncio sería algo interesante.

Sí, estoy muriendo, pero todavía pueden rezar por mí. No tengo tiempo de morir, pero estoy preocupado por lo que puedo hacer en los días que me quedan. Y a veces pienso qué hará mi esposa sin mí. No quiero que me hagan saber sus condolencias públicamente, pero me gustaría que me recordaran en sus plegarias.

Sí, estoy muriendo, pero, todavía puedo salir y pasar un buen rato. No quiero hacerlos sentir incómodos cuando estén conmigo, pero permítanme ponerme sentimental en ocasiones. A veces son las pequeñas cosas las que evocan recuerdos preciados o me hacen dudar si estaré presente en la próxima celebración.

Sí, estoy muriendo, pero estoy listo para enfrentar el futuro por la esperanza eterna que me da mi fe. No quiero que lloren por mí como alguien que no tiene esperanzas. Mejor, aprovechemos al máximo cada día que Dios nos da en esta tierra.

NIÑO DE LA TIERRA

ಬ

Joshua Loth Leibman

A veces pienso que la muerte no es enemiga de la vida sino su amiga. Saber que nuestros años tienen un límite es lo que los hace tan preciados. Conocer que el tiempo nos fue prestado es lo que hace que, en el mejor de los casos, lo veamos como un patrimonio que nos ha sido encargado temporalmente.

Somos como niños que tienen el privilegio de pasar un día en un gran parque con muchos jardines y juegos, azules lagos llenos de barcos que navegan sobre tranquilas olas. Es cierto que los días que nos fueron asignados a cada uno no tienen la misma duración ni la misma luz ni la misma belleza. Algunos tienen el privilegio de pasar largos días en los jardines de la Tierra. Para otros, el día es más corto, más nublado. También sabemos que existen tormentas y vendavales que nublan hasta el cielo más azul, y que hay rayos de sol que atraviesan el más oscuro cielo de invierno.

Entonces para cada uno llega el momento en que la muerte toma al hombre, al niño de la mano y despacito le dice: "es hora de ir a casa; está llegando la noche. Es hora de dormir, niño de la Tierra. Estás cansado. Ven, reposa y duerme, el día ha terminado. Las estrellas brillan en el firmamento…".

EL BRILLANTE

છ

Una parábola del Maguid de Dubno

Hubo una vez un rey que poseía un gran brillante, grande y puro, del cual estaba orgulloso ya que no había otro igual en el mundo. Un día le encontró un defecto. El rey llamó a los mejores joyeros y ofreció una gran recompensa a quien pudiera sacar la imperfección de su joya. Nadie logró hacerlo. Después de un tiempo, apareció un tallador talentoso y le aseguró al rey que dejaría al brillante más bello todavía. Así, el rey le confió la preciosa piedra, y el hombre cumplió con su palabra. Con maestría grabó un botón de rosa alrededor de la falla, utilizando la misma como tallo.

Podemos imitar al joyero. Cuando la vida nos lastima y nos hiere, podemos usar las trizas para recrear un retrato pleno de belleza y de gracia.

LO QUE CUENTA

৵

¿Qué es lo que alguien aprende sobre la vida a partir de las relaciones cercanas que tiene con la muerte? Permítanme compartir con ustedes algo que he aprendido.

Lo único que cuenta cuando la vida ha terminado, es la personalidad: la integridad, la compasión, el buen nombre de una persona. Lo que una persona deja como herencia no se encuentra en su vivienda o en lo elegante de su casa o en lo exitoso de su negocio o cuántas veces apareció su nombre en el periódico, sino en su esencia como persona. Y esto es el fruto de un esfuerzo. No se hereda de los padres; no es un apéndice del nacimiento.

Recuerdo una bella historia. Un zorro hambriento contemplaba unos deliciosos frutos que se encontraban en un jardín, pero para su tristeza no podía encontrar ninguna forma de entrar. Por fin descubrió una apertura por la que pensaba que podría introducirse, pero pronto vio que el hueco era demasiado pequeño para que cupiera por él. "Bueno, pensó, si ayuno durante tres días, podré pasar por ahí". Así lo hizo; pasó y disfrutó de un banquete con las uvas y todos los demás frutos que había en el jardín. Pero cuando quiso huir antes de que llegara el dueño del jardín, descubrió, para su enorme desgracia, que la apertura no había crecido en lo más mínimo, y nuevamente el hueco era demasiado pequeño para que pudiera salir. ¡Pobre zorro! Nuevamente tuvo que ayunar durante tres días, y cuando por fin escapó, dio un último vistazo de despedida al lugar en el que tanto había disfrutado:

"¡Eres un hermoso jardín! ¡Tienes deliciosos frutos! ¡Pero mírame! ¿Qué es lo que me queda ahora que demostré mi astucia?"

Lo mismo sucede con el hombre.

Los sabios enseñaron: "Un hombre llega al mundo con los puños cerrados como diciendo que todo le pertenece. Parte con sus manos abiertas como diciendo que no se lleva nada del mundo".

¡Qué verdad! Nada deja, excepto la marca de su personalidad. Así, el momento de la muerte nos enseña una lección sobre la vida: que para compensar su brevedad debemos elevar su intensidad.

Vivimos para un propósito. Cumplimos con nuestra misión en la Tierra cuando hacemos algo por los demás. Servimos como esposos o esposas; como padres; como hermanos; como hijos; como miembros de una comunidad. Tenemos un papel que cumplir. Es de lo que se trata la vida.

La muerte enseña muchas lecciones sobre la vida: el poder del recuerdo, la unión familiar, la confusión entre la tristeza y la culpa, pero encima de todo, nos enseña el valor de la personalidad.

Lo único que cuenta cuando la vida ha terminado, es la integridad, la compasión, el buen nombre que una persona deja como su mayor herencia.

LA MELODÍA DE LA VIDA

ৰ৹

Joshua Loth Leibman

La melodía que el ser amado tocó en el piano de nuestra vida nunca será tocada otra vez de la misma manera, pero no debemos cerrar el teclado y permitir que el instrumento se llene de polvo. Debemos seleccionar otros artistas del espíritu, nuevos amigos que, poco a poco, nos ayudarán a recorrer ese camino. Al establecer nuevos patrones de interacción con otras personas, comenzando con el lenguaje y el seguimiento de nuevas rutas de expresión creativa, lograremos la conquista de la aflicción y de la muerte.

MARTES CON EL VIEJO PROFESOR

❧

Hace pocas semanas leí un libro maravilloso: *Tuesdays with Morrie*, escrito por Mitch Albom. Ya en la portada dice de lo que se trata: "un hombre viejo, un hombre joven, y la lección más grande de la vida". Este pequeño libro puede leerse de una sola sentada, aunque uno desearía releerlo una y otra vez. Contiene lecciones que todos necesitamos aprender.

Morrie Schwartz fue un profesor de sociología en la universidad de Brandeis. Había dado clases a muchas generaciones de estudiantes y sus colegas lo estimaban. En 1994, cuando tenía alrededor de 70 años, le fue diagnosticada una enfermedad incurable, mejor conocida como la de Lou Gehrig. Al enfrentarse con la opinión médica de que le quedaban como máximo dos años de vida, Morrie Schwartz tomó una importante decisión. Se preguntó a sí mismo: "¿he de marchitarme y desaparecer o he de aprovechar al máximo el tiempo que me queda?". Decidió que haría que "la muerte fuera su proyecto final, el punto central de sus días".

Mitch Albom, el autor del libro, fue alumno de Morrie en la universidad. Era periodista deportivo para un periódico de Detroit. Durante sus años en la universidad, Morrie había sido un mentor para Mitch, alguien que lo alentó y guió; fue su maestro en el sentido más elevado de la palabra. En marzo de 1995 Morrie fue entrevistado por Ted Koppel en el programa *Nightline*. Mitch casualmente vio el programa, se enteró de la situación de su maestro y viajó para verlo. A partir de ahí se realizó una serie de visitas cada martes, durante las catorce semanas previas a la muerte de Morrie Schwartz.

Les confieso que a medida que leía el libro, sentí que Morrie me hablaba como a un viejo amigo o a un hijo. Como si él fuera el mensajero de lo que nuestros seres queridos nos hubieran querido decir o enseñar.

El primer martes ellos hablan sobre el mundo hasta concluir con una lección sobre las cosas más importantes de la vida. ¿Cómo responderías tú a la pregunta de qué es más importante en la vida? Morrie dice: "morir es sólo una cosa por la cual estar triste. El vivir infeliz es otra cosa. Puedo decirte qué es lo que más estoy aprendiendo con esta enfermedad: la cosa más importante en la vida es aprender cómo dar amor, y a dejarlo entrar. Déjalo entrar. Creemos que no merecemos el amor. Y creemos que si lo dejamos entrar nos volveremos demasiado suaves".

¡Qué gran verdad! ¿No es cierto que con más frecuencia de lo que creemos olvidamos o no permitimos que el amor esté presente en la vida? Y cuando ya no está, nos arrepentimos.

El siguiente martes hablan sobre la muerte y Morrie dice: "una vez que has aprendido cómo morir, aprendes a vivir. Todos saben que van a morir, pero nadie lo cree. Si lo creyéramos, viviríamos vidas diferentes. El enfrentarse con la muerte cambia la vida. Te desprendes de todas las cosas que no importan y te concentras en lo esencial. Reacomodas tus prioridades".

Seguramente, la mayoría de nosotros no hemos aprendido a morir. Peor aún, ¿hemos aprendido a vivir?

En su quinta visita la conversación trata sobre la familia. "La verdad es que no hay ningún fundamento, ningún cimiento sobre el cual la gente puede sostenerse hoy en día que no sea la familia. Esto se ha vuelto muy claro para mí a lo largo de mi enfermedad. Si no tienes el apoyo, el amor, la preocupación y el cuidado que da la familia, no tienes mucho que digamos. El amor es sumamente importante." Y Morrie agrega: "esto es parte de lo que es la familia: no sólo amor, sino permitir a otros saber que hay alguien que los está cuidando. Ninguna otra cosa te dará eso. Ni el dinero ni la fama ni el trabajo."

¿No es esta una lección obvia y al mismo tiempo algo que necesitamos escuchar ahora?

Y luego Morrie habla sobre el envejecimiento: "todo este énfasis en la juventud no me lo creo. Sé lo miserable que puede ser un joven, así que no me cuenten que es una maravilla." Mitch le pregunta: "¿nunca temiste envejecer?" Y Morrie responde: "yo abrazo el envejecer. Es muy sencillo. Conforme creces, aprendes más. El envejecimiento no es sólo decadencia, sabes, es crecimiento. Es más que el aspecto negativo de que vas a morir; también es el aspecto positivo de que comprendes que vas a morir, y que vives una vida mejor debido a ello".

Este último párrafo me conmovió tanto que lo leí y volví a leer, lo hice con una mezcla de miedo, optimismo y esperanza. ¿Acaso pensar en nuestros seres queridos no es nuestra forma de concientizarnos del paso del tiempo en nuestra propia vida?

"¿Morrie, qué podemos aprender sobre valores?", pregunta Mitch. Y el viejo maestro responde: "hay una gran confusión sobre qué es lo que *queremos* en oposición a que es lo que *necesitamos*. Necesitas comida, quieres un helado de chocolate. Tienes que ser honesto contigo mismo. No necesitas el último carro deportivo, no necesitas la casa más grande. ¿Sabes qué es lo que realmente te da satisfacción? Ofrecer a los demás lo que tienes para dar, me refiero a tu tiempo, a tu preocupación. ¿Recuerdas lo que dije sobre encontrar una vida con significado? Dedícate a amar a los demás, dedícate a la comunidad que te rodea, y dedícate a crear algo que te dé propósito y significado. Porque el amor gana, el amor siempre gana".

Y, finalmente, el martes que hablan sobre el perdón, Morrie enseña: "no tiene ningún caso seguir con la venganza o la necedad... ¡Cómo me arrepiento de estas cosas en mi vida. El orgullo. La vanidad!". Durante esta conversación, Morrie casi no podía respirar. Sin embargo, con mucho esfuerzo agrega: "perdónate a ti mismo. Perdona a los demás. No esperes. Lamento que mi tiempo esté por terminar, pero aprecio la oportunidad que me da de arreglar las cosas".

Enfermedad, familia, valores reales, envejecimiento, perdón y muerte. Lecciones de vida que espero que no sólo aprendamos sino apliquemos en nuestra propia vida. ¿No es esto lo que nos gustaría escuchar de aquellos a quienes recordamos? ¿No son estas las palabras que nos gustaría decir a nuestros seres queridos para poder ser recordados?

Y quiero compartir también el párrafo final del libro: "la última clase en la vida de mi viejo profesor se llevó a cabo en su hogar, junto a una ventana donde podíamos ver cómo una pequeña planta de hibisco perdía sus flores rosas. La clase se llevaba a cabo los martes. No requería ningún libro. El tema era el significado de la vida. Fue impartido a partir de la experiencia".

"Morrie ya no está, pero la enseñanza continúa"

LA PINTURA

※

Cuentan que el renombrado pintor Turner invitó a su estudio a Charley
Kingsley, para que pudiera ver una pintura acerca de una tormenta en el
mar. Kingsley quedó extasiado.

—¿Cómo lo hiciste? —preguntó Kingsley.

—Deseaba pintar una tormenta en el mar, así que me fui a la costa de
Holanda y le pedí a un pescador que me llevara en su bote durante la próxima tormenta. Cuando vi que esta se avecinaba, fui hasta la embarcación
y le pedí al pescador que me atara al mástil. La tormenta era tan fuerte
que yo anhelaba esconderme bajo el asiento del bote, pero mis ataduras lo
impedían. No sólo la vi, sino la sentí con tal intensidad, que me volví parte
de ella. Luego, al evocarla, pinté este cuadro.

La experiencia de Turner es una parábola de la vida. A veces se nos presenta como nube. O rayo de sol. Placer o tristeza. Como derrota y como
triunfo. La vida es una gran mezcla de felicidad y trágicas tormentas. Sólo
aquel que pueda ser parte de cada uno de sus momentos, que sea capaz de
enfrentarlos con sus misterios y con su esperanza, podrá pintar un cuadro
personal digno de ser admirado.

APRECIAR LOS MILAGROS

&

> El mundo está lleno de milagros,
> pero nos tapamos los ojos y no
> vemos nada.
>
> BAAL SHEM TOV

Aunque podemos comprender la ira, cuando nos enfurecemos con todos los que están a nuestro alrededor, no podemos apreciar los milagros de la vida diaria que nos siguen sosteniendo, sin darnos cuenta siquiera que existen. Irónicamente, el duelo nos abre los ojos de forma muy diferente a cualquier otro momento. Si nos comprometemos a no taparnos los ojos, entonces podremos emprender un viaje espiritual que nos permitirá apreciar mejor el encuentro humano con el mundo y también abrirnos a las bendiciones de la vida. De cualquier forma, tengamos los ojos abiertos. El mundo tiene mucho que enseñarnos.

UNA VENTANA EN EL ARCA

෨

Quiero que por un momento piensen acerca de la historia de Noé, el personaje bíblico.

La lección que Noé nos enseña alude a los momentos de nuestra vida en los que es necesario construir un arca, crear una estructura en la cual nos podamos esconder —un hábito, lugar o actitud dentro de nosotros que nos protegerá— si queremos sobrevivir a las terribles tormentas de la vida.

Dentro del Arca, Noé recibió la instrucción de instalar una ventana. ¿Con qué objeto? ¿Para ver mejor la terrible inundación, para ver la tristeza de este terrible destino? No. Él recibió la instrucción de poner una ventana en el arca por dos razones. Por un lado, para que pudiera ver cuando se detuviera la tormenta, y para que al colocar una ventana en nuestra arca protectora, nosotros también pudiéramos saber cuando es tiempo de salir de detrás de los muros que construimos para protegernos.

¿Entonces qué veremos detrás de esas ventanas? Veremos que el mundo no está siempre inundado.

Muchas veces por la práctica pastoral, he podido observar, cómo miembros queridos de mi comunidad construían su arca de protección contra el dolor de sus pérdidas. He observado mientras escogieron el lugar para instalar la ventana. La ventana a través de la cual podrían ver, sin importar cuán distante, que con el paso del tiempo, las airadas aguas de la tristeza y dolor se calmarían y disiparían.

Por ello quiero desearles que cuando ante la muerte de un ser querido deban construir su ventana en el arca de la protección, que esta sea una *ventana de bendiciones*. Y que sea también la *ventana de esperanza*. Y que sea la *ventana de paz* para quienes sufren el dolor y la angustia que pueden resultar de la debilidad e imperfección humanas.

Cuentan que su padre murió cuando él era todavía un niño. Cuando sintió que la muerte se le acercaba, el padre tomó a su pequeño hijo en sus brazos y le dijo: "veo que tú harás brillar mi luz, pero no me será otorgado educarte. Pero, mi querido hijo, recuerda sólo una cosa: Dios está contigo todos tus días, y por ello, no debes temer a nada en el mundo".

Ellos nos enseñaron a crear ventanas en nuestras arcas de protección personal, y ellos continúan recordándonos que es a través de aquellas ventanas, como nuevamente veremos la luz de la bendición, la esperanza y la paz.

"GENEROSIDAD"

✤

Había una vez un gran manzano y un pequeño niño. Ellos pasaban juntos horas y horas. El niño jugaba en sus ramas, dormía bajo la sombra de su follaje y comía de sus frutos. Y el árbol amaba a este niño. Un día el niño se acercó al árbol y este, feliz, le dijo: ven y juega.

Pero el niño ya no lo era más. Se había transformado en un joven que estaba preocupado en cómo ganarse la vida, pero no sabía cómo hacerlo. "Toma algunas de mis manzanas y véndelas", le dijo el árbol. El joven así lo hizo y el árbol estaba feliz.

Los años pasaban y el árbol se sentía triste sin la cercana presencia de su amigo. Hasta que un día regresó, pero no estaba interesado en jugar, sino en construir una casa.

"Corta algunas de mis ramas y construye tu casa", le dijo el árbol. Y así lo hizo el joven. Y el árbol estaba feliz.

Los años pasaron y el árbol extrañaba a su amigo. Hasta que un día el hombre regresó y nuevamente el árbol se sintió feliz. Pero el hombre ya era mayor y estaba cansado de la vida. El árbol dijo: "Corta una parte de mí, hazte un barco y navega por el mundo" El hombre lo hizo y el árbol estaba feliz. Pero extrañaba muchísimo a su amigo y continuamente recordaba los felices momentos que pasaron juntos. Hasta que un día lo vio llegar y se alegró. Pero el niño ya era un anciano que no podía jugar ni quería viajar por el mundo. Estaba muy cansado. "Ven amigo", le dijo el árbol, "aún me queda buena cepa, ¿no quieres sentarte y descansar?" Así lo hizo el anciano y el árbol fue nuevamente feliz.*

---

* Pasaje extraído del libro *El árbol bondadoso*, de S. Silverstein.

¿Será que el niño nunca entendió que estaba privando al árbol de sus frutos, de sus ramas? ¿O será que el árbol dio continua e ilimitadamente de sus recursos al niño por su amor a él?

Cuando recordamos a nuestros seres queridos difuntos, recordamos que poseían alguna de las cualidades de este generoso árbol. Algunos de ellos vivieron con sensibilidad espiritual, dando de sí mismos sin preocuparse por su propio perjuicio, y nos enseñaron que cuando el amor es grande ningún sacrificio parece demasiado.

Recordémoslos agradecidos por el amor que nos dieron, por las tradiciones que nos heredaron y por las memorias que dejaron en cada uno de nosotros, y recemos agradeciendo a Dios por el regalo de sus vidas y por el privilegio de que ellos hayan tocado la nuestra.

DAR LO MÁXIMO

∞

Anónimo

El hombre que estaba tras el mostrador miraba la calle distraídamente. Una niña se aproximó al negocio y apretó la nariz contra el vidrio de la vitrina. Los ojos de color del cielo brillaban cuando vio un determinado objeto. Entró en el negocio y pidió ver el collar de turquesa azul.

—Es para mi hermana. ¿Puede hacer un paquete muy bonito?

El dueño del negocio miró desconfiado a la niña y le preguntó:

¿Cuánto dinero tienes?

Sin dudar, ella sacó del bolsillo de su ropa un pañuelo bien atado y fue deshaciendo los nudos. Lo colocó abierto sobre el mostrador y dijo, feliz:

—¿Alcanza?

Eran apenas algunas monedas que ella exhibía orgullosa.

—Sabe, quiero dar este regalo a mi hermana mayor. Desde que murió nuestra madre, cuida de nosotros y no tiene tiempo para ella. Es su cumpleaños y estoy convencida que quedará feliz con ese collar del color de sus ojos.

El hombre fue para la trastienda, colocó el collar en un bello estuche, envolvió con un vistoso papel rojo e hizo un trabajado lazo con una cinta verde.

—Toma —le dijo a la niña—. Llévalo con cuidado.

Ella salió feliz, corriendo y saltando calle abajo. Aún no acababa el día, cuando una linda joven de cabellos rubios y maravillosos ojos azules entró en el negocio. Colocó sobre el mostrador el regalo ya abierto e indagó:

—¿Este collar fue comprado aquí?

—Sí, señora.

—¿Y cuánto costó?

—¡Ah! —exclamó el dueño del negocio—. El precio de cualquier producto de mi tienda es siempre un asunto confidencial entre el vendedor y el cliente.

La joven continuó:

—Pero mi hermana tenía solamente algunas monedas. El collar es verdadero, ¿no? Ella no tendría dinero para pagarlo.

El hombre tomó el estuche, rehizo el envoltorio con extremo cariño, colocó la cinta y lo devolvió a la joven.

—Ella pagó el precio más alto que cualquier persona puede pagar: dio todo lo que tenía.

EL TENEDOR

&

Anónimo

Una mujer mayor le pidió a su pastor que fuera a su casa. Debido a su avanzada edad, quería discutir con él sobre los arreglos para su funeral. Después de describirle qué tipo de servicio deseaba, le dijo al pastor que cuando el ataúd estuviera abierto le gustaría que todos la vieran recostada con un tenedor en la mano.

—¿Por qué un tenedor? —preguntó sorprendido el pastor.

—Debido a algo que sucedió cuando me uní a esta iglesia. Cada domingo, yo asistía a la cena sin conocer a nadie. Una noche, me senté junto a un señor muy amable que me presentó con las otras personas de la mesa. Cuando terminamos el platillo principal, pasaron a levantar nuestros platos y cubiertos. El hombre me dijo:

"—Quédate con el tenedor.

"—¿Por qué? —pregunté.

"—Ya verás. Todavía falta lo dulce.

"—Y así fue. Los meseros pasaron con un enorme y delicioso pastel de chocolate. Desde entonces, siempre que voy a una cena me quedo con el tenedor. Después de que yo muera, quizá mis amigos se sientan tristes y piensen que este es realmente el fin. El tenedor les recordará que aún falta algo dulce."

¿Cuántos de nosotros sentimos que toda la dulzura de la vida se fue junto con el ser amado? ¿O acaso nos quedamos con nuestro tenedor para intentar de nuevo entrar a lo que la vida tiene para ofrecernos?

Más allá de lo que tu tradición enseñe sobre qué nos sucede después de la muerte, con seguridad muestra también que nuestro destino no es el olvido y que los actos de amor realizados durante nuestra vida continúan endulzando la de quienes habrán de seguirnos.

Un suspiro sincero
(Consuelo de nuestras fuentes bíblicas)

UN SUSPIRO SINCERO

∞

> Nada llena más en la vida
> que un suspiro sincero.

Siempre deberíamos dedicarnos a enfocar la energía espiritual que reside dentro de nosotros mismos para dar alivio, porque algunos de estos elementos son parte de un remedio completo para este y el alma. Mis maestros recomendaban una gran variedad de formas para lograr la integridad. En primer lugar, numerosos salmos para leer: 16, 32, 41, 42, 59, 77, 90, 105, 137, 150.

Porque el mensaje es muy simple: exprésate a Dios y encuentra el camino hacia lo divino para que puedas continuar tu vida.

TIEMPO

සං

Hay un tiempo para cada cosa y un tiempo para cada propósito
bajo el cielo:
tiempo para nacer y tiempo para morir;
tiempo para plantar y tiempo para desarraigar;
tiempo para matar y tiempo para curar;
tiempo para abatirse y tiempo para construir;
tiempo para llorar y tiempo para reír;
tiempo para la lamentación y tiempo para bailar;
tiempo para tirar piedras y tiempo para recogerlas;
tiempo para abrazar y tiempo para dejar ir;
tiempo para guardar y tiempo para desechar;
tiempo para llorar y tiempo para enmendar;
tiempo para el silencio y tiempo para discursos;
tiempo para amar y tiempo para odiar;
tiempo para la guerra y tiempo para la paz.

Eclesiastés 3:1-18

SALMOS DE DAVID

හ

Salmo 23

Dios es mi pastor, nada me faltará,
me guía por verdes praderas,
me conduce por aguas calmas.

Mi alma reconforta,
me encamina por la senda de la justicia
por amor a su nombre.
Aunque haya de pasar por el valle de las tinieblas,
no temeré mal alguno, porque tú estás conmigo.

Tu sostén y tu apoyo
siempre son mi consuelo.
Me concedes el bien y la abundancia frente a mis adversarios.

Has derramado el óleo sobre mi cabeza,
mi copa rebosa.
Ciertamente, el bien y la merced
me acompañarán todos los días de mi vida.

Y residiré en la casa de Dios
todos los días de mi vida.

છ

Salmo 15

Señor, ¿quién morará en tu santuario?
¿Quién habitará en tu santo monte?

Aquel que vive con integridad y actúa con justicia,
el que dice la verdad de corazón,
el que no habla mal de nadie,
el que no hace daño a su hermano ni ofende al prójimo,
el que mira con menosprecio al malvado,
mas honra a los que honran a Dios.

El que cumple sus promesas, a veces aún en su perjuicio,
el que presta su dinero sin exigir interés,
el que no acepta soborno que dañe al inocente.

Quien así actúa, vivirá eternamente.

Salmo 121

Alzo mis ojos hacia las montañas:
¿De dónde ha de venir mi ayuda?
Mi ayuda vendrá de Dios,
creador de los cielos y la tierra.

Él no dejará tus pies resbalar,
no dormirá tu guardián.

Pues no duerme ni dormita
el guardián de Israel.

Dios es quien te protege.
Él es tu protector, a tu derecha.

Durante el día el sol no te molestará,
ni por la noche la luna.
Dios te protegerá contra todo mal,
él protegerá tu alma.

Dios guiará tu salida y tu entrada
desde ahora y hasta la eternidad.

Salmo 91

El que habita en el refugio del altísimo,
morará seguro bajo su sombra.

Yo diré del Señor: "refugio mío y fortaleza mía,
mi Dios que en él confiaré."

Así dice Dios:
"Por cuanto tienes puesto en mí tu amor,
yo te liberaré: te fortaleceré, por cuanto has conocido
mi nombre.

"Él llamará por mí y yo le responderé.
Con él estaré yo en su angustia,
lo liberaré y lo glorificaré
larga vida le daré y le mostraré mi salvación."

&

Salmo 16

Protégeme, oh eterno,
Tú eres mi refugio y mi protector.

A ti clamo, eres mi Señor;
sólo en ti está mi felicidad.

La fe que en ti deposito
es mi herencia.

Es por eso que es apacible mi vida
y la parte que me ha tocado.

Estoy siempre en la presencia de Dios
y por eso no vacila mi pensamiento.

Tú no me abandonarás frente a la muerte
y me mostrarás el camino de la vida eterna.

Una presencia continua

UNA PRESENCIA CONTINUA

৪০

Hay momentos en la vida en que te propones dar a tu existencia una nueva dirección, hacer las cosas mejor de aquí en adelante y crees que solamente está en ti lograrlo. Sin embargo, nos enfrentamos a una paradójica situación: porque somos humanos, apenas humanos, sabemos que la elección última no está en nuestras manos. Entonces, ¿cómo reconciliamos nuestras ideas?

Reconociendo la realidad, y conociendo que aunque no controlamos la fecha de nuestro nacimiento o de nuestra muerte, podemos controlar los momentos entre estos dos límites. Podemos controlar la cualidad, los compromisos, y la belleza de estos días. Podemos imaginar nuestras vidas como los hogares en los cuales vivimos.

La estructura fue construida antes de mudarnos. Pero solamente nosotros somos los que decidimos cómo decorar esta casa y lo que nos será inestimable en ese lugar.

Un poeta escribió: "La vida no es para mí como una luz fugaz. No. Es una especie de antorcha que he asegurado por algunos momentos, y cuya luz quiero hacer brillar al máximo antes de pasarla a la futura generación".

Evocar es ocuparnos de mantener resplandeciente la antorcha que cargamos.

Algunos de nosotros, para quienes el dolor de la separación aún está fresco en nuestras mentes, sentimos que la luz de la memoria no ha tenido todavía la oportunidad de penetrar la nube que nos rodea.

Cuando nos reunimos para recordar a nuestros seres queridos, ellos nos dicen que su luz puede ser vista a través de la oscuridad que nos domina.

Aquellos cuyo dolor está más lejano, un poco menos intenso, saben muy bien que lleva tiempo; y que no importa qué hagamos, la llama y el calor que irradia la antorcha de quienes evocamos nunca será tan intensa como lo era en vida. Pero estamos seguros de que su luz continúa iluminando nuestras vidas y no se extingue con su muerte. La percibimos, sentimos cómo nos acompaña a lo largo de nuestro camino.

El relato de la experiencia vivida por un espectador me ayudará a transmitirles el mensaje que quiero compartir:

Durante un recital al aire libre en algún lugar de Israel, Isaac Stern tocaba el concierto para violín de Mendelssohn. De repente, sin percibirlo, oscuras nubes dominaron el cielo, y fuertes relámpagos retumbaban por doquier. Era como una extraña visión. Veía al hombre mover el arco sobre las cuerdas, pero no apreciaba ningún sonido porque lo único que se escuchaba eran los truenos. Sin embargo, instantes después, con los truenos aún haciendo eco, pudimos escuchar nuevamente el sonido mágico del violín.

Y así llegaba para todos los presentes, el momento mágico cuando podíamos oír la melodía mezclada con la tormenta, cuando el recuerdo de la belleza y las risas de la vida comenzaban a mitigar el dolor.

¿Quién entre nosotros, no sintió esa cercanía en los meses o en los años que suceden a la muerte de una esposa, un marido, un hijo, o una hija, un hermano o un amigo? Y es justamente esa proximidad, la que crea un legado continuo.

Un legado que en momentos de tristeza puede elevarnos y en momentos de alegrías puede llevarnos a las lágrimas. Pero al fin un legado que influye y puede dar sentido y dirección a nuestras vidas. Una luz que continúa iluminando y dándonos calor.

PRESENCIA VIVA

∞

Y mientras leemos acerca de la muerte y la separación, acerca de las memorias y las relaciones, deberíamos pensar sobre la vida y la continuidad.

La joven mujer colocó sus pies en el sendero de la vida.

—¿Es un camino muy largo? —preguntó curiosa.

Su guía respondió:

—Sí. Y el camino es difícil. Envejecerás antes de alcanzar su final, aunque este será mejor que el comienzo.

Pero la joven mujer era feliz, y no creía que nada pudiera ser más espléndido que esos años. Ella jugaba con sus hijos, recogía flores para ellos a lo largo del camino, se bañaban juntos en claros arroyos, y el sol brillaba en su interior y la vida era buena, y la joven mujer lloraba de alegría:

—Nada será más agradable que esto.

Entonces la noche llegó, y la tormenta. El sendero estaba oscuro, y los niños temblaban con miedo y frío. La mujer los acercó a su cuerpo y los cubrió con su cobija, y los niños le dijeron:

—No tememos, porque tú estás cerca, y ningún peligro nos amenaza.

La mujer pensó: "esto es mejor que el brillo del día, porque he dado valor a mis hijos".

A la mañana siguiente, pasada la tormenta, encontraron una montaña frente a ellos, y los niños escalaron y se cansaron, y la mujer también se hallaba exhausta, pero todo el tiempo repetía a los niños:

—Un poco más de paciencia y llegaremos.

Cuando alcanzaron la cima, mirando a los ojos de la joven mujer, los niños dijeron:

—No lo podríamos haber logrado sin ti.

Esa noche, mirando a las estrellas, la mujer pensó:

—Este día fue mejor que el anterior, porque mis hijos han aprendido a tener entereza frente a dificultades. Ayer les di valor; hoy fuerza.

Al día siguiente aparecieron extrañas nubes que oscurecieron la tierra. Eran nubes de guerra y odio, de maldad e incomprensión. Los niños andaban a tientas y tropezones, y la mujer dijo:

Levántense. Eleven sus ojos hacia la luz.

Y los hijos vieron sobre las nubes una luz eterna que los guió y condujo durante la oscuridad.

Aquella noche la madre declaró:

—Este ha sido el mejor día de todos, porque enseñé a mis hijos a Dios y les di fe.

Los días se sucedieron y las semanas y los meses y los años y la mujer envejecía y se tornaba pequeña y frágil. Pero sus hijos eran grandes y fuertes, y caminaban con valor y fe.

Cuando el camino se hacía difícil, ellos ayudaban a su madre, y cuando era escabroso la cargaban, porque ella era tan leve como una pluma. Finalmente llegaron a una montaña y más allá de ella pudieron ver un camino claro y puertas doradas, abiertas de par en par.

La mujer dijo:

—Yo he alcanzado el final de mis jornadas. Ahora sé que el final es mejor que el comienzo porque mis hijos pueden caminar solos, y sus hijos tras ellos.

Los hijos dijeron:

—Tú caminarás siempre junto a nosotros, aun después de haber traspasado esos portones.

Y allí se quedaron observando cómo ella sola caminaba mientras los portones se cerraban a su paso.

Y ellos dijeron:

—No la podemos ver, pero ella permanece con nosotros. Ella es más que una memoria. Ella es una presencia continua.

Para cada uno de nosotros, hay alguien que es una presencia continua en nuestras vidas. Es a ellos hacia quienes van dirigidos nuestros pensamientos. No importa cuán corto haya sido el camino que recorrimos juntos. Tenemos la seguridad que su luz y calor están dentro de cada uno de nosotros, como una presencia continua. El mismo pensamiento podemos verlo en las palabras del poeta:

Aquellas pequeñas cosas que nos dejó un tiempo de rosas, en un rincón, en un papel, en un cajón.

Como un ladrón te acechan detrás de la puerta, te tientan a su merced como hojas muertas.

Y te sonríen tristes, y hacen que lloremos cuando nadie nos ve.

La luz, los recuerdos, el calor, el legado de sus vidas, están dentro de cada uno, como una continua presencia viva.

EL PRESENTE

&

Gisela Luján*

Han pasado tres años y medio desde aquel día que dejó una huella imborrable en mi vida. Miro hacia atrás y reconozco que he recorrido mucho camino desde que Mariana murió. Mucha gente me dice que admira lo fuerte que soy, que no me haya derrumbado. Yo pienso: "no me han visto en mis peores momentos", pero reconozco que he luchado ferozmente por tratar no sólo de sobrevivir, sino de seguir viviendo. La verdad es que no tenía muchas más opciones. ¿Qué otra cosa podría hacer más que luchar?... Claro, podría haber escogido dejarme abatir por la tristeza, llenarme de amargura, echarme a morir. Pero tengo otro hijo que merece vivir y ser feliz. No puedo imaginarme a las personas que no tienen a nadie por quien seguir viviendo.

Creo que con el tiempo, a medida que he ido desarrollando una perspectiva diferente sobre la muerte de Mariana, aunque la tristeza profunda y el dolor siempre están, su intensidad y duración se han mitigado un poco. O posiblemente ha aumentado mi capacidad para tolerar el dolor. No estuve presente cuando Mariana cayó desde el balcón; sin embargo, las imágenes revolotean en mi mente y muchas veces en la noche me despierto porque en mi sueño la veo caer hacia el vacío. Algunas veces me mira, sonríe y me dice: "Mira, mami, puedo volar".

Los recuerdos de Mariana son una mezcla de dolor y ternura. Pasó mucho tiempo antes de que lograra hilvanar recuerdos de sucesos completos. Quizás

---

* Pasaje del libro *Buscando a Estrella Maili. Reconstruyendo mi vida después de la muerte de mi hija.*

es por ello que se presentan como relámpagos de luz. Aparecen y son tan intensos que me dejan sin fuerzas, envuelta en una tristeza muy profunda. Otras veces logro sonreír cuando pienso en algún episodio divertido en su vida. Es aún una sonrisa tímida, tibia. Mi risa ya no sale de mi estómago, como antes.

Pequeños eventos pueden despertar mi dolor con una fuerza arrolladora. Si veo una foto que nunca había visto, oigo una canción de su grupo preferido, me encuentro con alguna de sus amigas o escucho su voz grabada, siento inmediatamente un dolor tan agudo como el que sentí el día de su muerte. Esos son mis peores días. No lucho. Dejo que el dolor me envuelva, porque sólo reconociéndolo acepto que estoy viva.

No ha sido fácil seguir siendo una familia. Pasó mucho tiempo antes de que pudiéramos sentarnos los tres a comer. Ver la silla vacía que una vez Mariana ocupó era demasiado doloroso. No fue fácil salir los tres de vacaciones al sitio donde antes íbamos los cuatro. Cada actividad que realizamos es incompleta. Siempre está la pregunta, ¿cómo hubiera sido si Mariana aún estuviera aquí?

Huyo de las celebraciones familiares. Cuando están todos los miembros de mi familia reunidos, la ausencia de Mariana se me hace mucho más intolerable. Ver a sus primas creciendo, estudiando, viviendo felices sus años adolescentes, verlas convertirse en jóvenes adultas, es un puñal que se clava en mi pecho.

Una de las cosas que he aprendido es a ser más comprensiva y sensible al dolor de otras personas. Si veo a alguien malencarado que me trata con rudeza, enseguida pienso que quizás esa persona también sufre como yo por la muerte de un hijo u otro ser querido. Sé que hay muchas personas que han pasado por experiencias iguales o más devastadoras que la mía. Mi sufrimiento es pequeño comparado con ese inmenso universo de dolor.

Poco a poco, he ido reconciliándome y reconectándome con la vida. Poco a poco he vuelto a reír, a trabajar, a relacionarme con algunas personas. He dejado de relacionarme con otras. Representan la diferencia entre "antes y después"... Y eso duele. He aprendido a protegerme de las situaciones o personas que me hacen daño, que me alteran, que consumen mi energía. Poco a poco, he ido construyendo una nueva vida, añadiendo nuevos elementos, probando nuevas actividades para saber con cuáles me siento cómoda. Es un proceso de ensayo y error. De disciplina más que de motivación. Esta búsqueda me llevó de vuelta a la universidad y a los colegios a trabajar como voluntaria. Necesitaba saber si aún me quedaba algo de lo que se necesita para conectarse con los niños como maestra o como orientadora. No lo conseguí. Quizás en cinco años o en 10… Quizás nunca más. Me gusta ayudar a otros, pero no tiene que ser en un salón de clases o en un consultorio. Busco una misión para mi vida. Siento que es importante tener un objetivo, algo por lo que valga la pena levantarse en la mañana. Sé que ese algo necesita estar relacionado con Mariana. Ella me guía en esta búsqueda. Necesito aprender a aquietar mi mente para poder escuchar su voz. Es sólo una cuestión de tiempo. Tengo paciencia. Sé esperar.

Lo más importante para mí ha sido encontrar maneras de honrar y mantener viva la memoria de Mariana. Ya que no puedo darle nada más en esta vida, trato de buscar rituales sencillos que le puedan ayudar en su nueva forma de vida y que me reconfortan. Prendo velas el día tres de cada mes, en su cumpleaños y cualquier otro día en el que tengo la necesidad de hacerlo o cuando siento que Mariana me lo pide. La llama de la vela representa para mí el espíritu de Mariana y pienso que dondequiera que esté, ve la luz de la vela y no se siente sola. Carlos y Mauricio sembraron rosas en nuestro jardín para adornar sus fotos. Hemos creado una página web para que el mundo entero pueda conocer a nuestra hija. Trato de realizar actividades que sé que a ella le hubiera gustado hacer.

Mariana soñaba con volver a ver la nieve y a menudo hablábamos de lo que se siente cuando cae sobre nuestro rostro, de jugar en la nieve y practicar deportes de invierno. Cuando nos mudamos a Colorado decidí aprender a esquiar y la primera vez que me atreví a deslizarme sola por una pista, lloré porque ella no estaba allí, en esas pistas blancas y suaves como el algodón, pero a la vez sonreí porque tuve la certeza de que el espíritu de Mariana me acompañaba, disfrutando también de la nieve.

Mi relación con Mariana ya no es física. Es espiritual. Pienso y siento que mientras yo más crezca espiritualmente, más cerca estaré de ella. Me gusta pensar que Mariana y yo seguimos creciendo, cada una en su realidad, cada una a su manera y que mi relación con ella va evolucionando, alcanzando tonalidades diferentes y mucho más profundas.

Hago una pausa. El sol ha vuelto a salir. Me asomo al jardín y observo las rosas. Decido colgar la hamaca, tomar un libro, poner música y sentarme un rato en el jardín. Hoy en día puedo sentir satisfacción haciendo estas cosas sencillas. Mariana está siempre presente en todos estos pequeños actos de mi vida cotidiana. Veo a Mariana en las pinceladas de acuarela de un atardecer, en los ojos grandes y profundos de una niña, en el viento que mueve con fuerza la copa de los árboles. Nos comunicamos sin palabras. Estamos unidas por hilos invisibles e indestructibles.

Abro el libro y leo un poema de Tagore:

Al fin Madre, ha llegado la hora de que me vaya.
Me voy. Cuando la oscuridad palidezca
y dé paso al alba solitaria,
cuando desde tu lecho tiendas los brazos hacia tu hijo,
yo te diré: "El niño ya no está".
Me voy Madre. Me convertiré en un leve soplo de aire
y te acariciaré; cuando te bañes,
seré las pequeñas ondas del agua
y te cubriré incesantemente de besos.
Cuando en las noches de tormenta,
la lluvia susurre sobre las hojas,
oirás mis murmullos desde tu lecho,
y de pronto, con el relámpago,
mi risa cruzará tu ventana
y estallará en tu estancia.
Si no puedes dormirte hasta muy tarde,
pensando siempre en tu niño,
te cantaré desde las estrellas:
"Duerme, Madre, duerme".
Me deslizaré a lo largo de los rayos de la luna,
hasta llegar a tu cama,
y me echaré sobre tu pecho mientras duermas.
Me convertiré en ensueño,
y por la estrecha rendija de tus párpados
descenderé hasta lo más profundo de tu reposo.

Te despertarás sobresaltada
y mientras miras a tu alrededor
huiré en un momento, como una libélula.
En la gran fiesta de Puja,
cuando los niños de los vecinos
vengan a jugar en nuestro jardín,
yo me convertiré en la música de las flautas
y palpitaré en tu corazón durante todo el día.
Llegará mi tía, cargada de regalos,
y te preguntará:
"Hermana, ¿donde está el niño?"
Y tú, madre, le contestarás dulcemente:
"Está en mis pupilas,
está en mi cuerpo,
está en mi alma".

Decir adiós… a un niño

EN POCO TIEMPO...

∞

Un rey se escondió para observar a sus trabajadores en el viñedo, y vio que uno de ellos laboraba con mayor dedicación y eficacia que los demás. Al mediodía el rey llamó a este trabajador y en amistad lo llevó a su palacio.

Cuando el rey les pagó a sus trabajadores al final del día también le pagó al que había trabajado medio periodo. Los trabajadores reclamaron. El rey entonces explicó:

—En pocas horas él realizó mucho más que ustedes en todo un día.

Fragmento del Talmud

La vida de un ser humano no debe ser medida por la cantidad de sus días en la tierra. Podrían ser medidas en la tarea realizada o tal vez en la huella que dejan en aquellos que sus vidas tocan. Una vida corta, una vida larga. ¿Cuál es la diferencia? Una vida llena de belleza.

DEVOLVER LAS JOYAS

ϧ

Mientras el rabino Meir se encontraba rezando en la sinagoga, sus dos hijos murieron repentinamente en su casa. La madre, abatida por el dolor, los llevó a su cuarto y los cubrió con una sábana. Cuando el rabí llegó a su casa preguntó a su esposa Bruria por los niños. Ella le dijo así:

—No hace mucho me confiaron el cuidado de dos piedras preciosas. Ahora el dueño me las ha pedido de regreso. ¿Debo devolvérselas?

—Claro que sí. Conoces las leyes.

Entonces Bruria lo tomó de la mano y lo llevó hasta donde estaban sus hijos.

—¡Mis hijos, mis hijos! —se lamentó el rabí. Bruria con lágrimas en los ojos le recordó:

—¿No has dicho que debemos devolver a su dueño lo que nos ha confiado cuidar? Nuestros hijos son las joyas que Dios nos pidió que cuidáramos y ahora su dueño ha tomado lo que le pertenece.

FRAGMENTO DEL TALMUD

EL HERMANITO SE HA IDO AL CIELO

ఴ

Anne Lynne

Adam vino a verme al hospital. A unos meses de su sexto cumpleaños, se subió a mi cama y se acurrucó junto a mí. Le dije:

Adam, tenemos noticias muy tristes. Tu hermanito murió anoche.

Por un momento estuvimos sentados tranquilamente mientras él trataba de comprender lo que mi esposo y yo le estábamos diciendo. Adam había estado esperando impacientemente el nacimiento de su hermano. La noche anterior, mientras nos desplazábamos en automóvil, y yo tenía contracciones, él había preguntado:

—¿Ya es octubre? Quiero que mi hermanito nazca en octubre.

Adam había nacido en ese mes, y tenía esperanzas que esa sería una de las muchas cosas que compartiría con su hermano. Pero el hermano nació muerto. Antes de comunicárselo a Adam, decidimos buscar el consejo de un sicólogo, y después hablar con nuestro hijo. El sicólogo nos aconsejó:

—Cuando Adam quiera hablar, escuchen. Los adultos se consumen tanto con su dolor, que con demasiada frecuencia no escuchan a sus hijos. Dejen que Adam logre un *cierre*. Lleven a Adam al funeral para que sepa en dónde estará su hermano.

Después de decirle a Adam que su hermano había fallecido, escuchamos.

—¿Cómo murió? ¿En dónde está? ¿Puedo verlo?

Habíamos decidido que ese día permaneceríamos juntos, como una familia. Adam nos necesitaba. Y rápidamente descubrimos que también nosotros lo necesitábamos. Él aprendió ese día de nosotros, y nosotros de él. Su conversación franca resultaba asombrosa en momentos, pero era una alegre sacudida de la realidad. En un punto, unos amigos queridos que habían atravesado tragedias similares se acercaron a nuestra habitación con su hijo de 10 años, Jared.

—Te tengo noticias muy tristes —le dijo Adam a su joven amigo en el pasillo—. Mi hermano murió.

Nos dimos cuenta de que para Adam era tan importante tener un amigo con quien hablar, con quien compartir su pena, como lo era para los adultos. Jared escuchó a nuestro hijo cuando quería hablar, y jugaba con él cuando no. Adam pasó el siguiente día con sus padrinos y le pidió a Jared que fuera a jugar con él.

Esa primera noche, en el hospital, tuvimos otra dura conversación. Al siguiente día, iríamos al cementerio a enterrar a su pequeño hermanito.

Él tenía muchas preguntas y un pedido especial:

—¿Puedo regalarle a mi hermanito mi oso de peluche?

En el cementerio, Adam se sentó tranquilamente mientras se rezaban los salmos. Mi marido leyó una nota que yo había escrito, y entonces le pidió a Adam que la colocara en el ataúd. Adam se recostó en el piso y colocó la tarjeta en el ataúd. Entonces, sin una palabra, también colocó allí su osito de peluche.

Dos hombres comenzaron a echar tierra a la tumba. Adam tomó una pala y comenzó a llenarla. Mientras los otros hombres se alternaban, él continuaba dando paletadas de tierra hasta que la tumba estuvo completamente llena. Algunos de los adultos comenzaron a alejarse del sitio y Adam continuaba. Después tomó unas rosas que había cortado y traído desde la casa y las enterró sobre la tumba.

—Mamá —dijo, volviéndose hacia mí—, esas rosas no tienen raíces. Necesitamos rosas con raíces.

Esa tarde fuimos a un invernadero y compramos un arbusto de "rosas con raíces". Regresamos al cementerio, en donde Adam cavó un hoyo y las plantó. Entonces colocó una tarjeta sobre ellas: "Bienvenido mi nuevo hermanito, Adam". Y nos pidió que le tomáramos una foto junto a las flores. Más tarde, le pregunté por qué había llenado la tumba con tierra, en lugar que otros lo hicieran. "Porque él es *mi* hermano".

Adam debía regresar a la escuela al otro día, por lo que llamé antes y hablé con la directora, diciéndole lo que él había estado pasando, lo que podría decirles a los otros jóvenes, y la manera en la que se estaba comportando. Cuando él llegó, fue abrazado y confortado. Las maestras, la directora, los padres y los niños estuvieron maravillosos.

—Quiero decirle a la clase por qué estoy triste —le dijo a su maestra.

Mientras los otros niños estaban sentados en un círculo en el piso frente a él, les dijo exactamente lo que había sucedido. Les contó acerca de la pequeña caja en la que habían puesto a su hermano.

—Esa caja se metió en otra más grande. Puse mi oso de peluche dentro porque no quería que mi hermano estuviera solo.

Luego les explicó cómo había ayudado a llenar la tumba con tierra.

—Fue un trabajo muy difícil pero lo tenía que hacer.

Les contó de las rosas sin raíces que había plantado, y también de las "rosas con raíces".

—¿A dónde se fue el bebé? —preguntó un niño.

—Al cielo —dijo él.

—¿Qué parte del bebé se va al cielo? —preguntó otro niño.

Adam miró a la maestra con grandes ojos. Ella explicó acerca del alma y les dijo a los niños que Dios había escogido al hermanito de Adam para ser uno de sus ayudantes. Para Adam esa respuesta fue reconfortante, porque ser un ayudante en su escuela se considera un alto honor.

—¿Lloraste? —preguntó otro niño.

—No, tuve que ser fuerte para mamá y papá.

La maestra de Adam hizo un cuaderno especial con páginas en blanco en el cual él puede expresar sus pensamientos haciendo dibujos. Al final de cada página, escribimos lo que quiere decir cada dibujo. En uno de ellos, el hermano de Adam es un ángel en el cielo con Dios, y él está en el suelo.

"Ojalá que pudiera tener otro hermanito", escribió su maestra al final de la página. En otro, Dios está en el cielo, y él y su hermanito están en el suelo. "Ojalá mi hermano regresara a la vida", escribió su maestra.

Adam continuó tratando con fortaleza la muerte de su hermano. Nos pidió que le compráramos un bebé de juguete. Lo alimentó, lo vistió y durmió con él. Inclusive actuó la parte del cementerio un día con el muñeco, pretendiendo enterrarlo. La mayor parte del tiempo lo amaba, abrazaba y cuidaba.

Cuando yo era una niña, raramente los niños eran llevados a funerales. La muerte no se discutía. La persona que moría sencillamente se iba.

Nuestra experiencia fue una valiosa lección para mí acerca de la importancia de permitir a un niño trabajar a través del dolor.

Adam está triste porque su hermano falleció, pero él sabe que tiene un hermano y dónde está.

ABRÁZAME AHORA
(DESPUÉS DE UN ABORTO ESPONTÁNEO)

ಌ

Vicki Hollander

Hayotzer*,
el que da forma,
el que nos dio forma a partir del barro,
el que amasó y pellizcó y esculpió el mundo,
abrázame ahora.
Tú, que haces crecer semillas diminutas,
que participaste en la vida que en mí creció,
abrígame.
La vida fue regalo.
Se me quitó una vida.
Hayotzer,
da forma a un lugar donde llore
mi pérdida, donde esté de luto.
Permite que la oscuridad de adentro
llore.
Ayúdame a decir adiós
al niño
que en mí crecía,
a los sueños que cargaba,
al amor que sentí por el retoño de esa alma
que fue segada de repente.

---

* Uno de los 70 nombres de Dios, se traduce como "uno que da forma, crea".

Que suene mi voz,
el llamado de una madre,
indomable en el universo,
y tú,
hazme fuerte,
acompáñame
y ve cómo cae mi lágrima, cómo toca la tierra.
Oye mi dolor
y abrázame.
Hayotzer,
tú, que me diste forma,
sana mi cuerpo y mi alma.
Remienda mi espíritu.
Hila vida nueva por entre mis huesos.
Ayúdame a encontrar de nuevo un asidero,
a sentir la tierra bajo mis pies,
a oler la profunda fragancia de la tierra que me llama,
a ver cómo emergen los retoños verdes tras el invierno,
manos decididas a asir la vida,
a escuchar la savia corriendo por dentro.
Me hinco a sembrar.
Un acto de fe.
Hayotzer,
sembrador de vida,
toma mi mano —por un tiempo—
y apriétamela fuerte.

CRIANZA DE LOS HIJOS SOBREVIVIENTES

ॐ

Partos en los que los niños nacen muertos.
Abortos naturales y muertes infantiles*

La muerte de un bebé es una de las experiencias más dolorosas y traumáticas que puedan sufrir los padres en toda una vida. Y aunque no haya nada que pueda menguar el dolor que se siente en el momento de tal pérdida, podría resultar de ayuda saber que otras familias se han encontrado en situaciones similares o que han hallado consuelo mientras luchaban con la profunda congoja que sigue después de la muerte de un niño.

Es importante darse el espacio y el tiempo necesario para tratar la congoja. Llorar la muerte de un bebé puede tardar más tiempo del que uno pueda pensar. Con frecuencia, la gente alrededor de ustedes puede sentirse muy incómoda por las intensas emociones y angustia que estén sufriendo.

Tenga paciencia consigo mismo porque lleva tiempo sentir un cierto alivio.

No importa la edad, su niño ha sido y sigue siendo parte de usted. Cuando murió su bebé, también murieron muchas esperanzas y sueños del futuro. El tener que escoger un nombre y al mismo tiempo el hecho de tener que pasar por un funeral puede asegurar que ustedes son padres y tienen el derecho de llorar la pérdida de su niño durante todo el tiempo, y tan intensamente como sea necesario.

---

* Este artículo es publicado con la autorización de Compassionate Friends. Su misión es ayudar a las familias hacia la resolución positiva del pesar que sigue a la muerte de un niño de cualquier edad y proporcionar la información necesaria para obtener ayuda y apoyo.

Síntomas de la congoja

Cuando un bebé muere, los síntomas normales de congoja pueden ser variados, como también las reacciones de los padres y la intensidad de las emociones.

Algunas de las reacciones típicas a la congoja incluyen las siguientes:

- El llorar, la soledad, el sentimiento de aislamiento.
- Una necesidad de tener que hablar de la muerte y sobre los detalles de lo que pasó.
- Los sentimientos de falta de esperanza, vulnerabilidad y depresión.
- El enojo, la culpabilidad propia y la de otros.
- La pérdida de apetito, el comer demasiado, el insomnio, la irritabilidad.
- La inhabilidad de concentración, de comprensión o de recuerdo.
- La pérdida de metas y objetivos en la vida, una sensación de desolación respecto al futuro.

La congoja puede durar bastante más de lo que uno pueda esperar y habrá muchos altibajos en el proceso. El primer año puede ser muy difícil, especialmente cuando los padres se hacen preguntas dolorosas y se atormentan a sí mismos con declaraciones como las siguientes:

—¿Por qué ha sucedido esto a mi bebé?

—¿Cómo es que yo no supe que algo iba mal?

—¿Por qué no fui antes al doctor?

—¡Todo es mi culpa!

—Si solamente…

Probablemente no hay respuestas adecuadas a estas preguntas que puedan servir de consuelo. El enojo y el sentimiento de culpabilidad propia usualmente van acompañados con la congoja. Traten de compartir y expresar estos sentimientos como una forma de liberación de estos. Hablar de sus emociones llevará a que se perdonen ustedes y a otros a quienes hayan culpado de la pérdida.

El impacto de la congoja en el matrimonio

Los matrimonios o parejas luchan de diferentes maneras para combatir la congoja. Muy a menudo, hay malentendidos entre las parejas en casos así, causados por la congoja. A veces las parejas dudan en expresar sus sentimientos de tristeza cuando uno de ellos ha tenido "un buen día" o viceversa. Otras parejas no van a querer hablar de la muerte pero siguen sintiéndose cómodos en el hecho de que uno de los dos necesite desahogarse al respecto.

El llanto es otra área donde las parejas van a actuar de diferentes maneras. De hecho, llorar es una expresión de congoja aceptable y sana, pero para muchos padres (al contrario de las madres) es difícil aceptar que la liberación de tensión a través de lágrimas sea buena. Los padres en muchos casos tienen tendencia a sentir la necesidad —y son animados por otros hombres— a ser fuertes, cuando llorar les sería de ayuda para combatir la congoja.

Sentir congoja y llorar la pérdida de un ser querido es emocional, física y mentalmente muy agotador y estresante. Es importante que las parejas no dejen de comunicarse aunque sea difícil, para no crear malentendidos y para que las emociones fuertes surgidas de esta angustia no lleven el matrimonio a problemas.

También es importante darse cuenta de estas diferencias y no echarse la culpa el uno al otro o asumir que a uno u otro no le importe la situación y no esté sufriendo. Se deben aceptar las diferencias en la habilidad de poder expresar emociones fuertes, en vez de tratar de herir a la pareja a propósito. Continúen compartiendo sus emociones y recuerden que las expresiones de congoja indican, por lo general, sólo un aspecto de lo que la persona realmente está sintiendo.

Los maridos y las esposas reaccionarán también de diferentes maneras ante las relaciones íntimas. Mientras que un miembro de la pareja necesite y busque la proximidad y la convicción de que no todo ha cambiado, el otro miembro de la pareja puede tomar la sugerencia de tener relaciones íntimas como un insulto, sin entender cómo es posible que alguien pueda pensar en ellas cuando un bebé ha muerto. Reconozca que estas reacciones son normales. Con el tiempo y la paciencia, la mayoría de parejas reestablecen una relación íntima cuando ambos están listos.

Es importante que las parejas entiendan que de hecho no hay ninguna solución, agenda o receta fácil para una rápida recuperación de estos problemas. Su relación puede resultar incómoda mientras encaran estas emociones y sentimientos intensos.

Hacer frente a la familia y los amigos

Los amigos, la familia y los colegas de trabajo pueden sentirse incómodos alrededor de usted. Es muy probable que ellos no entiendan la intensidad de la congoja que sufre o se sientan incapaces de consolar y confortarle. Consecuentemente, en varias ocasiones la gente alrededor de usted tratará de consolarle con expresiones como las siguientes:

—Tuvo suerte de que sucedió temprano en el embarazo.

—Aún es lo suficientemente joven para tener más hijos.

—Tuvo suerte de no haber traído al niño del hospital a casa.

Estas declaraciones duelen, pero no hay mucho que usted pueda decir o hacer ante estas situaciones en que la gente quiere consolarle y ayudarle con intenciones sinceras. Como ellos no han sufrido una experiencia del mismo tipo, les es difícil entender hasta qué punto y con cuánta intensidad usted realmente siente su congoja y tristeza. Otra manera en la que la familia y los amigos tratan de confortar es sugiriendo que tenga otro bebé. En tal caso, hágales saber lo importante que era este bebé para usted y pídales que muestren su apoyo escuchándolo en su pena.

Futuros embarazos

La decisión de tener o no tener otro bebé es suya y de su pareja. No hay un momento "apropiado" de espera después de la recuperación de la madre.

De hecho, no importa qué decisión haga respecto a un embarazo o una adopción después de la pérdida de su niño. No cambiará el tiempo de duración de la congoja que siente por el bebé que ha muerto. Cuando planee otro embarazo, tenga en cuenta que aparte del estrés físico, otros embarazos pueden causar dificultades emocionales.

Hermanos

Los hermanos jóvenes que sufren una pérdida de este tipo, también sienten congoja y pueden ser pasados por alto en la necesidad de consuelo y apoyo por "ser demasiado jóvenes para entender" la situación. Es necesario animarles a que también expresen sus sentimientos sobre la pérdida de su hermanito. De igual forma, ayudaría que sus hijos compartieran sus sentimientos con otros niños que han perdido sus hermanos en situaciones similares.

Ellos experimentan muchas de las emociones por las cuales usted está atravesando; por lo tanto, comparta sus pensamientos y lágrimas con ellos.

Aunque es un doloroso periodo, asegúrese que ellos se sientan amados e incluidos.

Preguntas sobre creencias religiosas

La muerte de su bebé puede poner en duda sus creencias religiosas o su filosofía de vida. Durante un tiempo es posible que sienta que la vida no tiene sentido y es injusta y que no queda razón por la cual vivir. Parte de su enojo probablemente sea dirigido a la fuente de su fe o creencia religiosa y es probable que necesite tiempo para reafirmarla. Un sentido de propósito y control volverá a ser parte de su vida, pero es un proceso gradual y no hay límite de tiempo. Para muchos, por otra parte, la fe en su religión provee apoyo y en muchos casos ayuda a los padres a aceptar lo inaceptable.

Sugerencias que pueden ayudar

Las fotografías y otros recuerdos tienden a ayudar a los padres a superar la congoja. Los padres que por otra parte hayan sufrido una pérdida a través de un aborto natural o muerte infantil tendrán pocos recuerdos que sirvan de consuelo. En estas situaciones, varios padres crean memorias haciendo un libro de recuerdos del bebé o una caja especial que contenga la documentación del hospital, certificados, tarjetas de pésame, fotos y mantitas. Tómese el tiempo para hablar con otras parejas que hayan experimentado una pérdida similar. El hecho de compartir el dolor y la situación con otros padres en un ambiente de aceptación y comprensión, puede facilitar la soledad e aislamiento de la congoja. Los que "han vivido tal experiencia" realmente pueden entender y aceptar su angustia.

CUANDO UN NIÑO MUERE

ॐ

Entendiendo el pesar *
Cuando un niño muere

Cuando un niño se muere, los padres se lamentan y empiezan un proceso de duelo.

Los padres afligidos experimentan muchos sentimientos: escepticismo, tristeza, soledad, temor, coraje, remordimiento, culpabilidad, desesperación y pérdida personal. Todos estos sentimientos son una parte de la reacción emocional llamada "pesar." A veces los sentimientos de pesar pueden ser tan intensos que los padres no entienden lo que está pasando y tienden a guardárselos dentro mientras otros pueden expresar su pesar fácil y abiertamente.

Aunque no hay ninguna "manera correcta" de sentir un duelo, muchos padres afligidos han encontrado que es útil tener algunos postes indicadores por el camino. Las pautas siguientes han sido preparadas por padres que han sufrido la muerte de un niño.

Los aspectos emocionales del dolor

El dolor, junto con sus altibajos, dura más de lo que en general la sociedad reconoce. Sea paciente con usted mismo.

El sufrimiento de cada persona es único. Usted y su cónyuge lo experi-

---

* Este artículo es publicado con la autorización de Compassionate Friends.

mentarán, pero no tendrán la misma fuerza para soportarlo; es decir, reaccionarán diferente.

El sentimiento de culpabilidad, ya sea real o imaginario, es parte normal de este doloroso proceso y puede expresarse en pensamientos tales como: "si yo hubiese..." o "si solamente..." etcétera. Exprese y comparta estos sentimientos y aprenda a perdonarse. La ira es otra reacción común. El enojo, al igual que la culpa, necesita expresarse y compartirse de una manera sana y aceptable.

Los aspectos físicos del dolor

Algunas reacciones físicas por la muerte de un hijo pueden ser pérdida o aumento de apetito, insomnio, dificultades sexuales, etcétera. Los padres, a veces pueden sentirse sin energía o incapaces de concentrarse. Es importante, durante este tiempo, que toda la familia tenga una dieta balanceada, descanso y ejercicio moderado.

El llanto es aceptable y a la vez una expresión saludable de dolor por medio del cual se alivia la tensión nerviosa acumulada. Llore libremente hasta quedar satisfecho.

Evite el uso de drogas o alcohol. Tome medicinas solamente en caso necesario y bajo supervisión médica. Algunas medicinas pueden crear dependencia; es decir, usted "sentirá" la necesidad de usarlas, y esto obstruye, demora o prolonga este periodo.

Decisiones

Posponga decisiones importantes mientras sea posible (por ejemplo, cambio de domicilio, cambio de trabajo, etcétera) por lo menos por un año. Evite decisiones precipitadas acerca de los objetos de la persona fallecida. No permita que otros le apresuren o se posesionen de ellos. Usted lo puede hacer poco a poco cuando esté listo.

Los días especiales

Los días de fiesta, cumpleaños o aniversarios de la persona fallecida pueden ser momentos de tensión. Considere los sentimientos de toda la familia al planear estos días. Tome tiempo para sus necesidades emocionales.

Sus amigos y familiares no se sentirán cómodos en su presencia ya que ellos desean aliviar su dolor pero no saben cómo. Tome usted la iniciativa y enséñeles. Hábleles acerca de su familiar fallecido para que se den cuenta que el tema es apropiado.

Enfrentar el mañana

Algunos padres piensan que ya no tienen por quien vivir y quisieran terminar con este gran dolor. Puede estar seguro que muchos padres se sienten de esta manera, pero el significado y propósito de la vida se recuperan. El dolor disminuye.

La muerte de un hijo es a veces como un desafío a la fe o filosofía de la vida que los padres tienen. No se perturbe si usted se encuentra dudando de creencias antiguas, hable acerca de ellas. Para muchos, la fe ofrece la ayuda necesaria para aceptar lo inaceptable.

Los padres afligidos y sus familias pueden encontrar consuelo y esperanza para el futuro cuando ellos reorganizan sus vidas de una manera positiva.

Con lo que a uno le queda…
De la pérdida a la renovación

CON LO QUE A UNO LE QUEDA

&

Les contaré algo que le sucedió al internacionalmente reconocido violinista Yitzjak Perlman. La historia la escuché de un amigo que estuvo presente cuando sucedió. Como lo hace frecuentemente, el 18 de noviembre de 1995, Perlman salió al escenario a dar un concierto en el Lincoln Center en Nueva York.

Si alguna vez han asistido a un concierto de Perlman, han de saber que salir al escenario no es fácil para él. Cuando niño sufrió de polio, así que usa unos aparatos en ambas piernas y camina con la ayuda de dos muletas. Verlo caminar en el escenario, un paso a la vez, lentamente, es algo impresionante. Camina con dolor pero majestuosamente, hasta llegar a su silla. Entonces se sienta, coloca sus muletas sobre el piso, empuja un pie hacia atrás y extiende el otro hacia adelante. Se agacha y recoge el violín, lo coloca bajo su barbilla, asiente con la cabeza hacia el director de la orquesta y comienza a tocar. El público ya está acostumbrado a este ritual.

Pero ese día, algo salió mal. Justo al terminar uno de los primeros compases, una de las cuerdas de su violín se rompió. Se pudo escuchar cómo tronó. El sonido pareció un disparo. No cabía duda de lo que significaba ese sonido. Tampoco cabía duda de lo que Perlman tenía que hacer. Mi amigo me describió así lo que sucedió:

—Supusimos que tendría que levantarse, recoger sus muletas y salir cojeando del escenario para encontrar otro violín u otra cuerda. Pero no lo hizo. Esperó un momento, cerró los ojos y le dio la señal al director de iniciar de nuevo. La orquesta comenzó y tocó a partir de donde se había quedado. Y tocó con tal pasión, tal fuerza y tal pureza… Tocó como nunca. Yo sé, y muchos saben, que es imposible tocar una obra sinfónica con sólo tres cuerdas, pero esa noche Yitzjak Perlman *se negó a saberlo*. Uno podía verlo modulando, cambiando, recomponiendo la pieza en su mente. En cierto momento, parecía como que estaba volviendo a afinar las cuerdas para sacarles sonidos que nunca habían emitido. Cuando terminó, había un impresionante silencio en la sala. Y luego la gente se levantó y hubo una explosión extraordinaria de aplausos desde todos los rincones del auditorio. Todos estábamos de pie, gritando y aplaudiendo, haciendo todo lo posible para demostrar cuánto apreciábamos lo que había hecho. Él sonrió, se limpió el sudor de la frente, alzó su arco para hacernos callar y entonces dijo (no presumiendo, sino con un tono bajo, pensativo, reverente):

—Saben, a veces la tarea del artista es descubrir cuánta música se puede hacer con lo que a uno le queda.

¡Qué pensamiento más poderoso! Ha permanecido en mi mente desde que lo escuché por primera vez. A veces la tarea del artista es descubrir *cuánta música puede hacerse con lo que a uno le queda*. ¿No la ven como una bella definición para nuestra vida? ¿Para todos los que nos sentimos incompletos, para aquellos que sentimos que no hay más música en nuestra vida? Perlman nos enseña que nuestra tarea es hacer música, primero con todo lo que tengamos, y luego, cuando eso ya no sea posible, hacer *música con lo que nos queda*.

También nosotros en algún momento de nuestras vidas, de repente, nos encontramos con una cuerda menos. Pero debemos continuar porque el desafío *"es descubrir cuánta música se puede hacer con lo que a uno le queda"*.

Sufrimos de dolor y lloramos la pérdida de un ser querido, y sentimos que se detuvo la música de nuestra vida. Pero en algún momento, no en un día, no en una semana, no de un jalón, sino lentamente, a veces dos pasos hacia delante y uno hacia atrás, algunas veces un paso hacia delante y dos hacia atrás, debemos comenzar a reaccionar. Debemos volver a componer.

En estos días de aflicción, recuerden la melodía, concéntrense en ella, escuchen la canción de sus vidas. Háganlo con todo su ser. Escúchenla ahora y lleven el mensaje a su corazón, no sólo como consuelo, sino como una inspiración, para que desde ese recuerdo, desde ese dolor y esa tristeza, podamos encontrar la fuerza y la determinación de continuar con la melodía de sus vidas y las nuestras. Porque el mayor desafío, el principal imperativo, consiste en descubrir cuánta música podemos hacer con lo que nos ha quedado desde que ellos no están más con nosotros.

UNA PERLA VALIOSA

୧୬

Cuando alguien pierde una perla valiosa, puede estar perdida para nosotros, pero sigue siendo una perla, sólo que está en otro lugar, y el hecho de que no la podamos ver no cambia la realidad. También así sucede con el alma de un ser querido. Sus hermosas cualidades jamás cambian. El alma sigue viviendo en el más allá, pero sobre todo, sigue viviendo en los corazones de todos aquellos que alguna vez compartieron parte de esa vida.

DE LA PÉRDIDA A LA RENOVACIÓN

જી

Hace poco tiempo conocí a una mujer cuyo esposo había fallecido siete meses antes. Entró a mi oficina con lágrimas en los ojos. Tan pronto se sentó, se soltó llorando durante unos cinco minutos. Permanecí con ella en silencio, respetando su pena, reconociendo la necesidad que tenía de soltar la gran carga que llevaba. Luego le pregunté por la causa de esa tristeza. Con la voz llena de pasión y temor, me dijo que ese día había escuchado un programa en el radio sobre el luto, y esto la había trastornado terriblemente. El experto hablaba sobre la necesidad que la persona enlutada tenía de despedirse de su ser querido para dejarlo ir. Tan pronto dijo las palabras "dejarlo ir", comenzó a llorar de nuevo. Y agregó: "nunca olvidaré a mi esposo. Nunca dejaré mis recuerdos de él. ¿Cómo puedo borrar 38 años de amor?".

Era evidente que había entendido mal. Pensó que tenía que desconectarse de todo lo bueno que había tenido con su esposo y empezar de nuevo con la pizarra limpia para poder enfrentarse a su pena. Intenté asegurarle que estaba equivocada. La pérdida no requiere que olvidemos nuestros recuerdos, más bien hace falta abrazarlos. La pérdida no requiere que dejemos de amar a nuestros seres queridos, sino que encontremos nuevas formas de amarlos. Antes, nuestro amor estaba mediado por la presencia. Ahora, está mediado por la ausencia. Necesitamos aprender a recordarlos y a amarlos aunque no estemos juntos.

Quizás ustedes, como esta mujer, no estén de acuerdo. Pero que hay de dejarlo ir, todo el mundo habla de dejarlo ir. La verdad, me parece, es que hace falta dejar ir, pero sólo en cierta forma. Tengo que dejar ir las expectativas y entender que mi vida ya no será como solía ser. Con el paso del tiempo, y a veces de bastante tiempo, tengo que aprender a dejar ir mi dolor, y reconocer y confiar en que puedo estar cerca de mi ser querido sin la presencia del dolor. Tengo que dejar ir la añoranza, y en su lugar sustituirlo con el recuerdo.

Cuando recuerdo, estoy consciente de lo que todavía tengo y puedo rescatar. No me concentro en lo que no tengo, sino en lo que queda. Este proceso de luto puede ser muy difícil. Cada uno de nosotros pasa por un proceso de abrir un nuevo espacio en nuestro corazón. Los enlutados hemos sido colocados en el salón de clases de la vida donde debemos aprender un nuevo idioma. Los políglotas saben la cantidad de tiempo, de repetición y de frustración que requiere poder hablar con fluidez un idioma.

Es un proceso lento, pero no es insuperable. Lo mismo sucede con el idioma de amar en la separación. Con la práctica, con apoyo, y con fe en nuestra capacidad de soportar momentos, días y a veces años de práctica, también nosotros podemos aprender a vivir en un mundo diferente donde los recuerdos de nuestros seres queridos se convierten en una fuente de esperanza y crecimiento.

EL GRAN ARREGLADOR

෨

Hace años, durante una visita a mi casa, el rabino Carlebaj, contó este profundo relato.

Hace tiempo, el Rey de la Tristeza quería ver si todo estaba bien en el mundo. Quería, principalmente, ver si todos sus súbditos estaban tristes, porque la persona que está realmente triste, es la más feliz ante la presencia de otras tristes almas. El Rey de la Tristeza visitó su reino completo y descubrió que el mundo entero se sentía miserable. Ni una sola persona estaba contenta o satisfecha. El rey no podía haber estado más feliz. Sin embargo, mientras regresaba a su ciudad capital, el rey vio algo sumamente desconcertante y terrible. A la distancia estaba un hombre sentado en un porche roto y viejo, sobre una silla vieja y desvencijada, con nada más que sobras de comida frente a él, las cuales estaban en un viejo y quebrado plato. Este hombre estaba cantando y tocando la guitarra. ¡Sin duda alguna, este hombre estaba feliz!

El rey se quedó anonadado y temeroso, porque sabía demasiado bien que una persona feliz podía destruir completamente su reino. Sabía que tenía que observar a este hombre, pues nadie excepto él mismo era capaz de realizar estas labores. La tristeza debía ser cuidada a todo costo. El rey se disfrazó con harapos y se acercó al hombre, diciendo:

—No creo que nos hayamos conocido. ¿Quién eres?

El hombre contestó:

—Todos me conocen. Soy El Gran Arreglador. Yo voy por las calles del mundo gritando: ¡Soy El Gran Arreglador! Háganme entrar a sus destruidos hogares, sus destruidas vidas, sus corazones rotos. No se preocupen por el costo. Tan sólo unos centavos son suficientes para comprarme un pequeño festín, porque uno debe festejar a cualquier costo.

El rey estaba alterado. Sabía que la gente triste nunca festeja. La comida ha perdido su sabor para el corazón entristecido. Él sabía que su reino estaría en riesgo si la gente comenzaba a festejar a pesar de estar sentados en sus derruidos porches, sobre sus resquebrajadas sillas, alimentando sus rotos corazones y comiendo sobras.

El rey diseñó un plan. Al siguiente día, cuando El Gran Arreglador comenzó a caminar por las calles invitando a la gente a darle entrada en sus vidas rotas, alguien gritó desde una ventana:

—¿Qué te sucede? ¿No sabes que el rey decretó que arreglar es ahora ilegal?

La situación se veía difícil para El Gran Arreglador, pero sin duda alguna, una persona no puede estar feliz sin un pequeño festejo. Por lo tanto, El Arreglador se acercó a un hombre que cortaba madera y le preguntó si podía realizar su trabajo por algunos centavos. El hombre estuvo de acuerdo, y aquella noche, después de comprar una pequeña porción de la comida más barata disponible, El Arreglador hizo una fiesta. El rey apareció en la casa del Arreglador y lo vio cantando. Estaba intrigado, y por lo tanto le preguntó:

—¿Qué hay de nuevo?

El Arreglador contestó que el rey estaba loco, porque había prohibido arreglar. El rey dijo:

—Si eso es así, ¿por qué estás cantando? ¿Por qué tienes un festín?

El Arreglador le dijo que había encontrado un trabajo como leñador, y que había hecho tan buena labor, que había sido invitado al siguiente día para ganarse unos cuantos centavos más. Al siguiente día, cuando El Gran Arreglador se acercó al hombre para el cual cortaba leña, lo encontró en estado de desmayo.

—Siento mucho tener que decirte esto, pero recién me enteré que el rey emitió un nuevo decreto prohibiendo el corte de leña. Tendrás que irte.

La situación se veía mal para El Gran Arreglador, pero se rehusó a darse por vencido, y pensó para sí mismo: "tengo que seguir andando por las calles del mundo buscando algo más para hacer, para poder hacer mi festejo". El Arreglador estaba de camino, cuando vio una rica y hermosa mujer barriendo su porche, vestida con sus mejores ropas. El Arreglador le preguntó por qué estaba haciendo eso, y ella respondió que su sirvienta la había abandonado. El Arreglador ofreció hacer este trabajo a cambio de unos cuantos centavos, y esa noche, el festejo fue definitivo.

El rey, nuevamente disfrazado, apareció una vez más en medio de la comida y le preguntó al Arreglador:

—¿Cómo le haces? Pensé que cortar leña estaba prohibido.

El Arreglador contestó:

—Tienes razón. El rey está más loco que nunca, por lo que hoy encontré un nuevo trabajo: barro pisos.

Por supuesto que El Arreglador llegó al siguiente día para encontrarse con que barrer había sido prohibido. Esto fue seguido de prohibiciones para hornear, hacer jardinería, pintar y construir. Lo que fuera que encontraba El Arreglador para hacer, inmediatamente lo prohibía el rey al siguiente día. Muy pronto el reino estaba en ruinas.

Sin embargo, El Arreglador se rehusaba a desesperarse. Había que encontrar la manera de ganarse unos centavos. Decidió que no tenía más remedio que unirse al ejército del rey. Los soldados siempre eran necesarios, y a pesar de que generalmente se les pagaba quincenalmente, El arreglador fue capaz de convenir un contrato especial con el capitán del rey, que le permitía recibir algunos centavos cada noche. Ser soldado (y matar) era lo más lejano al carácter de El Arreglador, pero decidió que podía marchar todo el día de un lado al otro batiendo su espada, pretendiendo ser leal al rey. Cada día recibía sus centavos, y en la noche se sentaba en su pequeño festejo.

Un día, el rey estaba revisando a sus tropas, y vio a un hombre marchando con una sonrisa en el rostro. Esa noche, una vez más disfrazado, se acercó a El Arreglador durante su festejo y le preguntó:

—¿Cómo le hiciste?

El Arreglador le respondió:

—El rey está más loco que nunca, su reino se está destruyendo, pero un arreglador siempre encuentra la manera. Negocié con el capitán y ahora tengo la seguridad de un festejo cada noche. Puedo batir mi espada como el mejor de ellos.

Por supuesto que el Rey de la Tristeza estaba furioso. Le prohibió al capitán pagarle a El Arreglador cada noche, y una vez más este tuvo que cambiar sus hábitos. Ese día, mientras estaban marchando, El Arreglador pasó por una tienda de empeño y tuvo una idea. Después de las maniobras, fue a la tienda a cambiar su espada. ¡Recibió suficiente dinero para festejar por años!

Sin embargo, los soldados deben tener una espada. El Arreglador encontró un pedazo de madera delgada y la cubrió con papel de plata. La colocó en su lugar y regresó a la diaria rutina de marchar con los soldados. El siguiente día, el rey, vistiendo las ropas de un soldado común, se acercó a El Arreglador. Riendo, El Arreglador le dijo cómo había ganado una vez más la partida al rey: empeñando su espada.

El rey estaba encantado de escuchar esto, ya que la ley del país establecía que cualquier soldado sin espada sería condenado a muerte. El rey diseñó un plan. Fue con el capitán para saber quién sería ejecutado ese día, y le dio instrucciones al capitán para que hiciera que El Arreglador fuera quien ejecutara al criminal. El rey estaría presente, y todos verían la caída de El Arreglador.

Una gran multitud se había reunido en el lugar de la ejecución, con el Rey de la Tristeza sentado en lo alto de su trono. El capitán se acercó a El Arreglador y le dio instrucciones de matar al condenado con su espada. Sin embargo, El Arreglador no estaba preocupado. Se volvió para mirar al rey y a las personas, y declaró:

—Soy un curador de corazones rotos. Nunca en mi vida he matado a nadie y no mataré el día de hoy.

El Rey de la Tristeza estaba delirante de felicidad y dijo en voz alta:

—Si no matas inmediatamente a este hombre, tú serás ejecutado ahora mismo.

Tranquilamente, El Arreglador respondió para que todos oyeran:

—Amigos míos, todos ustedes me conocen. Soy El Gran Arreglador. Ustedes me dejaron entrar a sus derruidos hogares, sus corazones rotos, sus quebrantadas vidas. Saben que yo construyo, no destruyo. Doy esperanza, no creo desesperación. Y por lo tanto, si mi mensaje es real, este hombre vivirá, y regresará a casa. Si es falso, este hombre morirá.

El Arreglador removió su espada de su lugar y la enterró en el estómago del hombre. Por supuesto que se deshizo, y el hombre quedó libre.

¿Y El Arreglador? Regresó a cantar una nueva canción en su silla rota, en su derruido porche, festejando.

¿Acaso no es la tarea de la vida de cada uno?

Mucho del trabajo importante en la vida se centra en arreglar continuamente lo que se rompe y se descompone una y otra vez. Nos ocupamos en arreglar algo para cantar una canción en ese derruido porche, a pesar de lo que haya ocurrido en nuestra vida.

Dentro de cada uno de nosotros hay un Gran Arreglador, y esa parte nuestra que tiene la capacidad de retener la esperanza. A cualquier lado que miremos descubrimos que el mundo se convierte en un lugar más pequeño porque cada acto tiene el potencial de recordarnos la pérdida de nuestro ser amado. El Gran Arreglador viene para enseñarnos que somos capaces de sobreponernos, a pesar de estar sentados en una silla rota, sobre un porche derruido, frente a un plato de sobras. Nos enseña que hacer una fiesta finalmente es como encontrar nuevas maneras de volvernos a unir a cosas llenas de significado, mientras permanecemos en presencia de nuestra pérdida.

Sin embargo mientras pasa el tiempo y se multiplican nuestras preguntas acerca de nuestro lugar en el mundo, el Gran Arreglador dentro de nosotros susurra: "Mira fuera de ti mismo". Quitar la arena de nuestros ojos de manera terrible es, sin embargo, un acto necesario. Estar comprometidos a arreglar es también estar comprometidos con los otros.

Con frecuencia, después de una pérdida, vagamos por el desierto de nuestras vidas. El dolor, la falta de esperanza, el aburrimiento, algunas veces parece demasiado grande, demasiado abrumador. Esos son los momentos en los que necesitamos más que nunca recordar a El Gran Arreglador. Arreglar nunca se completa. Es un proceso, no un evento. Y me hace recordar que, ahora, esta es mi vida.

Tal vez no es la vida que he escogido, ciertamente no es la vida que deseo en mis sueños. Pero es mi vida ahora, mi única vida. Y mi opción es arreglarme a mí mismo de cualquier manera posible para vencer a El Rey de la Tristeza que pretende dominar mi vida.

UN MILAGRO

৪০

Anónimo

Durante varios años, cada semana, el cuidador de un cementerio recibía una carta de una mujer desconocida. El sobre contenía un cheque y un pedido: "favor poner flores en la tumba de mi hijo". Un día un coche se estacionó frente a los portones del cementerio y el chofer se dirigió hasta el edificio de la administración para hablar con el cuidador.

—La señora que está en el coche se encuentra muy enferma para caminar hasta aquí. ¿Le importaría acompañarme?

Cuando el cuidador llegó hasta el coche, vio por la ventana a una señora mayor, de frágil apariencia, cuyos ojos no podían esconder una profunda tristeza. En sus brazos llevaba un gran ramo de flores.

—Buenas tardes, buen hombre, yo soy quien durante cinco años le he estado mandando dinero para comprar flores para ponerlas en la tumba de mi hijo.

—Nunca he dejado de hacerlo —respondió el hombre.

—Vine hasta aquí —dijo en una voz casi inaudible—, porque mis doctores me han hecho saber que sólo me quedan algunas semanas de vida. No me entristece morir. No me queda nada por qué vivir. Pero antes, quería venir y colocar las flores yo misma.

El cuidador parpadeó vacilante. Y luego de unos instantes habló:

—¿Sabe una cosa señora?, siempre lamenté que siguiera enviando dinero para flores.

—¿Lamentar?

—Sí, porque las flores duran tan poco y nadie las veía ni las olía. Es una lástima.

—¿Se da cuenta de lo que está diciendo?

—Por favor, no se enoje. Yo formo parte de un grupo de voluntarios que visitamos casas de ancianos. A ellos les encantan las flores, olerlas, ponerlas en lugares que luzcan en sus cuartos. Y se sienten más felices.

La mujer no respondió. Dijo una plegaria y dio órdenes a su chofer de partir. El cuidador se quedó temeroso de haberla ofendido y preocupado por su salud. Pasaron algunos meses hasta que una mañana el cuidador se sorprendió al ver nuevamente aquel automóvil. Pero esta vez no estaba el chofer, era la misma anciana sentada al volante. Con una sonrisa le dijo al cuidador:

—Llevo las flores a las personas yo misma. Usted tenía razón. Los hace felices a ellos y me hace feliz a mí. Los doctores no entienden mi cambio, pero yo sí: ¡tengo una razón para vivir!

La señora había descubierto algo que la mayoría de nosotros sabemos, pero olvidamos: al ayudar a otros, milagrosamente, nos ayudamos a nosotros mismos. Nada nos hace tan fuertes como traer paz y alegría a otros corazones necesitados.

EL ROBLE

ȣ

Raymond A. Zwerin

Cuando pienso en la palabra *belleza* mi mente vuela a un viejo árbol que estaba en nuestro patio de entrada. Yo tenía como cinco o seis años cuando lo noté por primera vez. Ese fue el verano en el que aprendí a treparme y sentarme en los brazos del viejo roble, soñando los sueños de un joven, en los días de verano de un niño.

Según recuerdo, ese año comencé la escuela. Era septiembre y los días enfriaron antes de tiempo en ese otoño. Una vez, al regreso de la escuela, me admiró el súbito cambio que había tenido mi árbol. El roble de verdes hojas se había tornado repentinamente rojo. Me quitó la respiración. Me senté en sus ramas esa tarde como cualquiera se sentaría al lado de un amigo convaleciente. Estaba maravillado por los colores, y encantado por el perfume de la naturaleza en transición. Casi no podía esperar a llegar a casa cada día para ver mi árbol. Sus cada vez más profundamente coloridas hojas tapizaban el césped, mientras las ramas se desnudaban ante los cielos grises.

Ese árbol, atravesando sus preparativos para el invierno, me presentó un despliegue de belleza, el cual, hasta este día, aún me complace. Y cada septiembre, a los primeros asomos del otoño, llega a mí, y yo a él. La verdad sea dicha, siempre hubo un dejo de tristeza en mis pensamientos en torno al árbol, perdiendo sus hojas de esa manera. Con frecuencia me preguntaba qué obtenía a cambio, ¿valía la pena la transición? Y entonces un día, no hace mucho, me encontré con un artículo en una revista de naturaleza: "Es probable que pensemos que el clima frío mata las hojas de un árbol y que toma el descanso del invierno para recuperarse de este

201

trauma debilitador. Al contrario, lo que sucede es esto: ante la cercanía del clima frío, todos los nutrientes de las hojas corren al tronco del árbol, para ser almacenados ahí. Este protoplasma evacua las células de cada hoja, y cuando se ha ido la última gota la hoja —ahora tan sólo la concha vacía de nutrientes pasados— puede volar en la primera brisa a la tierra". Por lo tanto, es en el invierno cuando el saludable árbol restaura sus jugos y recupera sus fuerzas, y se prepara para la promesa de la primavera.

Podemos aprender mucho del roble. La naturaleza muestra sus lecciones ante nosotros y nos suplica que lo notemos. Cada uno de nosotros somos el roble, y el desconsuelo es nuestro frío de invierno. Nuestros seres amados se caen de nuestro abrazo (dejando de ser parte de nosotros, ya no unidos, ya no compartiendo las temporadas de nuestras pruebas, las temporadas de nuestra felicidad). Hay quienes ven la pérdida de un ser querido como un proceso de vaciado. Ellos se ven como desnudados súbita y emocionalmente, y se quedan desprotegidos de los elementos. Se ven como madera cruda, suave y vacía, lista, casi esperando.

Sean como el roble, nos dice la naturaleza. Él pierde sus hojas, pero se lleva su esencia para dentro. Su vida es su nutriente, su historia se convierte en su fuerza, y esa se vuelve la armadura en contra del capricho del mañana. ¿No es una imagen de absoluta belleza? El roble se hace más fuerte en la pérdida y encuentra la belleza en las temporadas de cambio.

CÓMO UNA FLOR ROSADA AYUDÓ A
CONSTRUIR MI FE

෨

Joan Wester Anderson

Era una mañana de otoño en 1971, poco después que mi familia se mudó a nuestra primera casa. Los niños estaban arriba desempacando, y yo miraba por la ventana a mi padre, que se movía misteriosamente en el patio delantero. Mis padres vivían cerca, y papá ya nos había visitado varias veces.

—¿Qué haces allá afuera? —le dije.

Sonriendo, levantó la mirada.

—Te estoy preparando una sorpresa.

Me pregunté qué tipo de sorpresa. Conociendo a mi padre, una persona alegre y carismática, podía esperar cualquier cosa. Pero papá no dijo más, y como yo estaba entretenida en los asuntos de nuestra nueva casa, me olvidé de la famosa sorpresa. Hasta un crudo día de marzo en el que nuevamente miré por la ventana. Afuera estaba nublado. Pequeños montones de nieve sucia aún permanecían en el patio, mientras que botas y mitones húmedos llenaban nuestros clósets. Siempre había odiado los inviernos de Chicago. ¿Acaso este terminaría alguna vez? Sin embargo, ¿era un espejismo? Me esforcé por ver lo que pensé que era algo rosa que se asomaba milagrosamente desde un montón de nieve. ¿Y qué era ese punto azul frente al patio, una pequeña nota de optimismo en ese momento? Tomé mi abrigo y salí para ver más claramente.

Eran azafranes, los cuales no marchaban ordenadamente por la orilla de la casa (lo cual nunca podría haber visto desde la ventana), sino esparcidos al azar por todo el patio. Lavanda, azul, amarillo, y mi favorito, rosa. Pequeñas caras surgiendo en el viento, significaron la esperanza que casi había perdido. ¿Ves?, parecían decir. Has sobrevivido el largo y oscuro invierno. Y si aguantas un poco más, la vida será bella de nuevo.

"Papá...". Sonreí, recordando los bulbos que había plantado en secreto el otoño anterior. Nada podía haber estado planeado más perfectamente, más enfocado a mis necesidades. Bendito sea, no solamente por las flores, sino por él. Los azafranes de mi padre florecieron cada primavera durante las siguientes temporadas, trayendo consigo ese mismo sentimiento cada vez que llegaban: los tiempos difíciles están casi terminados, viene la luz, aguanta, resiste... Y de pronto, aparentemente, los bulbos no pudieron reproducirse más. Hubo una primavera que llegó con solamente la mitad de los bulbos usuales. La siguiente temporada, cerca de 1979, no hubo ni uno solo. Extrañé los azafranes, pero mi vida estaba más ocupada que nunca, y nunca había sido una gran jardinera. Le pediré a papá que venga a plantar nuevos bulbos, pensé. Pero nunca lo hice.

Nuestro padre murió repentinamente, en un bello día de octubre de 1985. Sufrimos intensa, profunda, pero limpiamente, porque no había asuntos sin terminar, remordimientos o culpa. Siempre habíamos sido una familia llena de fe, y nos sostuvimos en ella en ese momento. Por supuesto que papá está en el Cielo. ¿Adónde más iría una persona tan amada? Él era todavía parte de nosotros. De hecho, probablemente podría hacer más por su familia ahora que se encontraba más cerca de Dios.

Y si dudaba, solamente un poco, en la tranquila oscuridad de mi habitación, si involuntariamente cuestioné lo que la religión me había enseñando (la fe de pronto parecía demandar más valentía de la que podía reunir), nadie más se enteró. Sufrimos. Manejamos nuestro dolor. Nos reímos y lloramos juntos. La vida continuó.

Pasaron cuatro años, y en un triste día de la primavera de 1989, me encontré haciendo varios mandados y sintiéndome deprimida. Residuos del invierno, me dije a mí misma. Te dan cada primavera. Es química. Tal vez. Pero también era algo más. Una vez más me encontré pensando en papá. Esto no era inusual; hablábamos de él con frecuencia, recordando y disfrutando nuestras reminiscencias. Pero esa vez en el auto, surgió mi vieja y nunca mencionada preocupación. ¿Cómo estaba él? Y aun cuando no me gustaba preguntármelo, ¿en dónde estaría? "Yo sé que sé, lo sé", le dije a Dios en el familiar lenguaje que uso con frecuencia. Pero ¿Tú crees que me podrías mandar un signo, solamente algo pequeño, de que papá está seguro en casa contigo?

Inmediatamente me sentí culpable. Dios había sido muy bueno conmigo, y tenía derecho de esperar algo a cambio. Pero algunas veces, me dije al entrar al estacionamiento de la casa, la fe es tan dura. De pronto bajé la velocidad, me detuve y miré al patio. Pequeños montones grises de nieve derretida. Pasto lodoso. Y ahí, enfrentando valerosamente al viento, un azafrán rosa.

Espera, sigue, la luz viene pronto… No había manera, lo sabía, de que una flor pudiera salir de un bulbo de más de 18 años que no había florecido en una década. Pero ahí estaba el azafrán, como un abrazo desde el cielo, y mis ojos se llenaron de lágrimas. Dios había escuchado. Y Él me amaba tanto que había mandado la seguridad que yo necesitaba de manera tierna y personal, para que no hubiera duda.

El azafrán rosa floreció solamente por un día. El 14 de abril. Cumpleaños de mi padre. Pero yo construí mi fe por toda una vida.

EL LUGAR DONDE CIELO Y
TIERRA SE BESAN

&

Un mercader de cierta caravana se dirigió a su compañero y le dijo: "ven, te enseñaré el lugar donde el cielo y la tierra se tocan tan estrechamente, que parece que se están besando".

Durante mis viajes he buscado este lugar, más aún, siempre encabeza mis itinerarios. Pero en cada viaje acabo decepcionado. Cada vez que creo haber encontrado *el lugar*, parece que este siempre me elude. Sin embargo, mientras maduramos espiritualmente, nos damos cuenta que no necesitamos ir muy lejos para encontrar el lugar descrito por el mercader. No tenemos que aventurarnos alrededor de medio mundo para encontrarlo o aislarnos de los demás para poder ver el lugar más claramente. No obstante, y eso es lo que muchos de nosotros hacemos después del periodo de duelo. Cuando llegamos a casa nos percatamos que el lugar donde el cielo y la tierra se tocan es donde estamos parados, siempre y cuando deseemos alzar nuestros ojos.

LLENANDO EL AIRE DE BELLA MÚSICA

಄

Un príncipe que vivía en un castillo sobre la orilla de un río mandó que se ataran cuerdas de arpa de un lado al otro del cauce de agua, de manera que los vientos produjeran música.

Una noche, estalló una tormenta que estremeció al castillo entero, y el aire se llenó de bella música, porque las cuerdas encontraron su voz en medio de la noche de tensión.

También en la vida, las tormentas de la adversidad pueden tocar las cuerdas de la creatividad, belleza y valor, las cuales generalmente pasan inadvertidas en otros tiempos.

Pensemos en el recuerdo de los que han fallecido y se han ido, y veamos si en nuestros pensamientos y acciones podemos hacer que las cuerdas de nuestra pena creen sonidos de inspiración, belleza y esperanza para llenar el aire con el recuerdo de la bella melodía de sus vidas.

LA RUEDA

80

Cualquiera que enfatice en torno a la vida y niegue la muerte es ingenuo. Pero por otra parte, cualquiera que enfatice sobre la muerte, se concentre y se obsesione con ella, está equivocado.

¿Cómo podemos mantener a la vida y a la muerte en algún tipo de equilibrio? ¿Cómo podemos vivir la vida sin negar a la muerte? ¿Y cómo podemos enfrentar la muerte sin arruinar la vida?

Mi respuesta de cómo equilibrar el amor por la vida con la realidad de la muerte proviene de una historia para niños. Nos cuenta acerca de una pequeña llamada Winnie, quien por accidente descubre el secreto de su familia. Parece ser que hace muchos años, ellos bebieron de una fuente escondida que les dio la vida eterna. Debido a esto, nunca pueden morir ni por heridas ni por enfermedad ni de vejez. El padre de la familia, que se llama Tuck, le explica a Winnie por qué esto no es tan maravilloso como podría parecer en un principio. Ambos pasean en un bote de remos, flotando por la corriente, y él le dice:

—¿Sabes qué es esto, todo lo que ves a nuestro alrededor, Winnie?... Es vida. Moviéndose, creciendo, cambiando. Nunca igual. ¿Y sabes qué le pasa al agua? El Sol evapora un poco el océano, lo carga en las nubes y luego llueve, y la lluvia cae en el río y el río continúa moviéndose, llevando toda el agua de regreso al mar. Es una rueda, Winnie. Todo es una rueda. El bote se atora en las ramas de un árbol caído y se detiene. El río sigue hasta el océano, pero este bote ahora está atorado. Si nosotros mismos no lo moviéramos, se quedará aquí para siempre, intentando zafarse, pero atorado. Así es como los Tuck estamos, Winnie. Atascados y sin poder avanzar. Ya no somos parte de la rueda. Estamos disminuidos. Fuimos dejados atrás.

Y todo a nuestro alrededor, se mueve y crece y cambia. Tú, por ejemplo, ahora eres una niña, pero algún día serás una mujer, y después dejarás lugar para los nuevos niños.

Y Winnie impresionada le dice:

—Yo no me quiero morir.

—No —le responde con calma su padre—, no ahora. Tu tiempo no es ahora, pero morir es una parte de la rueda, muy cerca, casi junto al nacimiento. No puedes escoger los pedazos que te gustan y dejar el resto. Ser parte del todo, eso es la bendición. Vivir es un gran trabajo, pero dejados a un lado como nosotros estamos, es inútil. No tiene sentido. Si yo supiera cómo volver a subirme a la rueda, lo haría de inmediato. No puedes tener la vida sin la muerte. Así que, no puedes llamar vida a lo que nosotros tenemos. Sólo somos, sólo estamos, como piedras a un lado del camino.

Sin la muerte no puede realmente haber vida. Si no fuera por la muerte, uno sólo tendría una existencia interminable y sin sentido. Solamente el hecho de que la vida tenga un final es lo que hace cada día y cada memoria tan valiosas.

Saber que nuestros días están contados nos obliga a hacer lo mejor de nuestra vida con lo que tenemos.

Conozco pocas personas que viven tan bien su vida y que están tan conectadas con el pasado como con el futuro, que no temen morir.

Hace tiempo estuve en una boda, y parado junto al abuelo de la novia, mirábamos cómo bailaban los esponsales. El abuelo me dijo, con una sonrisa que podría haber alumbrado todo el salón:

—Si me muriera esta noche, no tendría ninguna queja.

Quería decir que podía ver con sus propios ojos la continuidad de su familia y de sus valores, y por eso podía decir: "si fuera a morir hoy, lo que soy, lo que realmente soy, continuará viviendo".

Creo que esa es la verdadera decisión que cada uno de nosotros tiene que hacer en este mundo. Si depositamos nuestra confianza en valores materiales, en nuestro cuerpo o apariencia, y esas cosas inevitablemente se desgastan, entonces, ¿quiénes somos, y dónde estamos? Pero si podemos aprender a vernos a nosotros mismos como incompletos, como parte de un gran ciclo familiar interminable, como parte de un pueblo y de una fe que tiene un destino eterno, lo que representamos continuará, podemos vivir y dejar ir la vida con confianza, con serenidad y con fe.

Ser parte del todo, esa es la bendición.

Lo que la muerte
le enseña a la vida

UNA REFLEXIÓN

Ni diez individuos iban a los últimos recitales del poeta español, Blas de Otero. Pero cuando murió, miles de personas acudieron al homenaje fúnebre que se le hizo en una plaza de toros en Madrid.

Él no se enteró.

Sucedió en una aldea indígena, en aquellos lugares de muy difícil acceso. El antropólogo, quien recorría el país en busca de material sobre las costumbres de estos hombres y mujeres, encontró a un grupo de ellos, llorando a una abuela moribunda. Lloraban sentados, a la orilla de su agonía. Curioso, les preguntó:

—¿Por qué lloran frente a ella, si todavía está viva?

Y le contestaron:

—Para que sepa que la queremos mucho.

DICIENDO ADIÓS

&

Te han llamado al lecho de muerte de tu ser querido y no sabes qué decir. Pero sabes que tienes que decir algo. El o ella han llegado al final de su vida y tiene solamente una cosa más por hacer: morir. Es algo que debe hacer solo.

Nadie tiene experiencia previa en morir. No hay medios, guías o recursos que elegir. Sin embargo, es algo que se tiene que hacer. Lo va a hacer ya sea mal o bien, valientemente o no, de manera resuelta o cobarde, pero lo hará. Como todos, él o ella han sabido desde hace tiempo que tendrá que hacer esto. Ha pensado con frecuencia en ello. Ha rezado constantemente para tener valor, porque morir bien requiere de valor.

Tú estás sin habla. Sabes que hay algo por decir, y no estás seguro de qué es. Las enfermeras susurran: "qué bueno que haya venido". Ellas han hecho su parte. Las enfermeras y los médicos saben que ahora debes hacer algo que ellos no pueden. Tienes que decir algo al ser querido que está muriendo.

¿Qué debes decir? Debes decir algo que el lenguaje no puede expresar, algo que no está dentro de los recursos del discurso común. Cualquier cosa que viene a la mente suena fácil e insuficiente, vacía y absurda. Piensas para ti mismo: "tal vez no tengo la capacidad. No puedo pensar en algo correcto porque no tengo experiencia en este tipo de situación".

Terminarás diciendo algo como: "Estarás bien. Todo estará bien". Entonces te sientes estúpido porque sabes que no estará bien, y también lo sabe él o ella. Él conoce que está muriendo, y de algún modo, es más valiente que tú mismo. Pero no te reprocha por lo que has dicho. Tal vez, al final, no importa lo que digas, sino que tu mano estaba en la de ella cuando murió, y la calidez de tu voz se unió a su respiración cuando exhaló su último respiro. Quizás la luz de tus ojos se encontró con la de sus ojos cuando se fue hacia donde no hay nada que ver.

Una experiencia similar vivieron los personajes del filme *Shadowlands*. C. S. Lewis era un teólogo católico, decano de la universidad de Oxford. Era un pesado y típico soltero inglés, quien pasaba sus días enseñando, leyendo y escribiendo teología. Vivía con su hermano, y juntos tenían un tipo de vida segura, regulada y aburrida, hasta que conoció a Joy Gresham. Esta agradable mujer atravesó la insulsa existencia de Lewis y trajo un espíritu completamente nuevo a su vida. Nunca antes había sido tan abierto con alguien, o tan involucrado en la vida de alguien más. Se amaban profundamente el uno al otro y planeaban casarse cuando Joy descubrió que estaba terminalmente enferma de cáncer. En una pausa de la enfermedad, contrajeron matrimonio, aunque la salud de ella comenzó otra vez a deteriorarse. Ella sabía que se estaba muriendo. Solamente el amor del uno por el otro la sostuvo y le dio la fuerza y voluntad para seguir luchando contra el cáncer. Hacia el final del filme, arrasada por el padecimiento, Joy le dice a Lewis: "debes dejarme ir. Tienes que darme permiso para morir. Yo no puedo dejarte, no quiero dejarte, a menos que me digas que está bien que yo me vaya".

Fue el momento más difícil de su vida. Pero en su amor por ella, él encontró el valor para decir la única cosa que una persona puede decirle a alguien que está muriendo, a una persona cuya muerte es inevitable. Él le dijo: "te amo. Si no puedes resistir, si estás demasiado cansada, si estás muy lastimada, si sientes demasiado dolor, puedes dejarte ir. Yo estaré bien. Mi vida se verá inexorablemente disminuida, pero seguiré hasta que sea mi momento de unirme a ti".

¿Qué podemos aprender de esto? Primero, que cuando eres llamado a un lecho de muerte, debes acudir. De otra manera, vives el resto de tu vida con certeza de que no estuviste ahí. Parte de ti sentirá culpa y otra parte sentirá alivio, pero vivirás el resto de tu vida con el conocimiento de no haberte encontrado ahí. Por lo que si eres llamado, debes acudir.

Segundo, lo único que puedes hacer por un ser amado en el límite de su vida es extender una mano, ofrecer un beso, compartir un suspiro y decir algo que dé permiso a tu ser amado para liberarse.

Y tercero, que en realidad nadie muere realmente solo, porque Dios está ahí.

Por eso, el salmo que la mayoría de la gente sabe de memoria, y que ha llegado a significar tanto para la generalidad es el que declara: "Aun cuando camino por el valle de la sombra de la muerte, no temeré a ningún mal, porque Tú estás conmigo… Y yo residiré en la casa del Señor hasta la eternidad".

LOS TIEMPOS DE NUESTRAS VIDAS

છ

Jeffrey Wohlberg

"La muerte debe ser una opción, no una necesidad". Esta premisa la declaró el doctor Bernard Strehler, de la universidad de California, biólogo e investigador en el campo de la gerontología. "Estoy pasmado —declaró el filósofo F. M. Estandiary— en cuanto a lo pasivos que somos al aceptar la mortalidad. Si es natural hacerse viejo y morir, entonces al diablo con la naturaleza. Tenemos que levantarnos por encima de lo natural y lo humano. Rehusémonos a morir... si están aquí dentro de 20 años, probablemente estarán aquí dentro de 200 años, dentro de dos siglos, para siempre".

Estas y otras declaraciones similares son parte de la nueva carrera por la longevidad, el nuevo asalto a la muerte, la nueva búsqueda de maneras para vivir más y de permanecer vivos para siempre. En realidad no es nueva esta idea, la "carrera" es tan vieja como el tiempo mismo. No es la "nueva" sino la antigua carrera por la longevidad e inmortalidad, la búsqueda de la afamada fuente de la juventud de don Juan Ponce de León.

Dicha búsqueda hoy parecería ingenua, incluso distorsionada, si estuviera limitada a fantasías tontas y sueños populares. Pero ahora está siendo propuesta por científicos competentes: bioquímicos, genetistas, patólogos, endocrinólogos, neurólogos. Están armados no con vuelos de la imaginación, sino con las armas de la tecnología moderna: ingeniería genética, manipulación hormonal, clonación, trasplantes, computadoras... y muchas otras técnicas nuevas y sofisticadas que parecían limitadas a la ciencia ficción. Ahora están asaltando a la muerte, cuestionando los conceptos mismos de "mortalidad" y "humanidad". Los que proponen estas teorías, están convencidos de que ganarán esta batalla, abrirán el último secreto, romperán la última barrera, renovarán la vida, restaurarán la vida, conquistarán a la muerte, prologarán la vida indefinidamente y nos otorgarán el regalo de vivir eternamente.

Tal vez lo harán, no importa cuán dudoso y lejano parezca. En cierto sentido, es un asalto en contra del Cielo, no muy diferente al de la Torre de Babel. Cualquiera que vive para tal día se engaña y se oculta a sí mismo, desperdicia tiempo precioso y, muy probablemente, se desilusionará. Porque por lo pronto, somos finitos, somos mortales y tenemos un número limitado de años. Si no sabemos qué hacer con una tarde lluviosa de domingo, ¿qué haremos con la eternidad? Hacemos un uso inadecuado de la mayor parte del tiempo que tenemos. ¿Qué haríamos si viviéramos para siempre?

Los Benedictinos inventaron el concepto "hora" como lo conocemos. El minuto se creó en el siglo XVI. El segundero se inventó en el siglo XVII. Hoy hablamos de una billonésima de segundo. La nuestra es una cultura obsesionada por el "tiempo". Ya se ha dicho que invertimos energía sin precedentes en artefactos que evitan trabajo; sin embargo, parecemos estar perpetuamente en movimiento, tener menos tiempo y menos horas a la semana que las generaciones anteriores. Somos más impacientes y menos eficientes. El tiempo es nuestra oportunidad, pero nos hemos convertido en sus esclavos. Estamos esclavizados al calendario, a la puntualidad, a los horarios y al reloj.

Considero que hay tres errores comunes que la gente parece cometer acerca del tiempo. El primero es vivir en el pasado. Todos conocemos personas que van por la vida volviéndose hacia atrás, que gastan sus fuerzas lamentándose acerca de "los buenos viejos tiempos" o de "la manera en la que eran las cosas" (las cuales siempre se perciben como mejores que ahora). Ellos cargan con el peso del recuerdo, sin placer. Están eternamente conscientes de la culpa, de asuntos sin terminar, sueños incumplidos. Viven su vida entera mirando hacia atrás, por sobre su hombro, enfrascados en los "si hubiera" o "podría haber sido". La suya es una existencia deprimente. Tienen una visión obstruida de la vida.

El segundo error es vivir solamente en el futuro. Estas son personas a quienes no les importa el pasado y son incapaces de disfrutar el presente.

Tienen miedo. Están ansiosos. Son miopes. Están consumidos por el mañana. Son personas que hacen lo imposible por guardar para el mañana e incluso se privan, por si las dudas, para el mañana. Siempre están esperando el momento correcto, la oportunidad perfecta: cuando las cosas estén arregladas, los hijos hayan crecido, el trabajo baje de ritmo, el tiempo de madurez llegue. Y para ellos nunca llega la oportunidad adecuada. Por supuesto que es prudente y necesario planear a futuro. Pero, ¿qué es la vida sin algún placer o sin perspectiva? ¿Qué es la vida sin alguna diversión mínima en el aquí y ahora? No debemos vivir con temor y no podemos vivir en la fantasía. No hay satisfacción en planes que nunca alcanzan su fructificación.

El tercer error que la gente comete con frecuencia es vivir solamente en el presente. "Come, bebe y sé feliz" es su filosofía. "Diviértete", "disfrútalo", "sólo se vive una vez". Estos son los gritos de la generación del ahora, los hedonistas, los materialistas, los que buscan emociones que satisfaga el placer momentáneo. Están tentados por un alud de satisfactores y todo lo tienen demasiado fácil. No ven hacia atrás ni hacia adelante, sino solamente ven por sí mismos. Tienen vista pero no visión. Esta filosofía es muy tonta y no tiene sentido alguno. Tales personas son criminales insensibles; roban del pasado, se ocultan del futuro, se encierran a sí mismos en una prisión que es unidimensional y en una vida que es vacía y sosa.

El hecho es que mientras nuestra mente divide el tiempo en tres categorías: pasado, presente, futuro, lo cierto es que dichas divisiones son ilusorias. No existen realmente. El tiempo es un continuo sin costuras. El pasado, presente y futuro son inseparables. En cierto sentido, son simultáneos y uno solo. Cada momento del presente rápidamente se vuelve pasado. Cada momento del futuro se mezcla con el presente. Cada momento es una combinación de experiencia y esperanza, vida y expectativas y recuerdos y preparación; es una mezcla de lo que fue, lo que es, y lo que será. Creemos que el pasado está detrás de nosotros, pero no es así. Está muy bien con nosotros, vivo, es parte de todo lo que hacemos. Somos un compuesto de todo lo que fue.

Pensamos que el futuro está de frente pero realmente está aquí y ahora. Los errores que cometeremos mañana nos perseguirán por años y nuestros logros nos proporcionarán un orgullo interminable. La dirección que demos ahora a nuestros hijos se reflejará en la manera en la que ellos traten a sus hijos, y cómo nos tratarán mañana, y más allá. El futuro no está distante en absoluto. Está simplemente a un momento de distancia.

La vida está en constante flujo. No podemos separar el tiempo más de lo que podemos remover una ola del océano o jalar una nube del cielo. Y según lo afirma la ciencia, somos criaturas finitas que morirán algún día. No podemos salvar el pasado, solamente saborearlo, aprender de él y revertir sus puntos. No debemos vaciar el presente, sino tan sólo sostenerlo y utilizar sus oportunidades. No debemos vivir solamente para el futuro, sino más bien aspirar a él y prepararnos responsablemente. Todo lo demás es inútil y está incompleto.

Aquellos que temen más a la muerte son aquellos que hacen el menor buen uso de la vida. No comparten ni aprenden ni crecen. Se limitan a sí mismos a un solo tiempo. Despilfarran las temporadas y no se merecen la eternidad.

El tiempo es un maestro. El tiempo es un espejo. El tiempo es una oportunidad. El tiempo es un regalo perecedero, y todo lo que recibimos es una oportunidad en la vida. Tal vez algún día los mortales vivan para siempre, pero como están las cosas ahora, debemos aprender a vivir más plenamente: no desperdiciar tiempo, no matar tiempo, no derrochar tiempo, no adorar el tiempo sino utilizarlo sabia y cuidadosamente, con objetivos y bien. Al final, la prueba no es *qué tanto* vivimos, sin *cómo* vivimos. Por ello, renovemos el pasado, adoremos el presente y construyamos el futuro. Entonces, si algún día vivimos milagrosamente para siempre, sabremos cómo hacer buen uso de ese regalo que es el tiempo.

HACER O SER

∞

Tres hombres hablaban sobre lo que significa el éxito en la vida. El primer hombre dijo:

—Yo sé lo que significa el éxito. Es cuando el presidente de los Estados Unidos te invita a almorzar a la Casa Blanca.

El segundo respondió:

—Eso no es nada. El éxito es cuando estás almorzando con el presidente de los Estados Unidos y suena la línea directa con Rusia, y el presidente le dice al premier de Rusia:

"—No puedo hablar con usted en este momento porque estoy en una comida".

El tercero respondió:

—Eso no es nada. Eres exitoso cuando estás almorzando con el presidente de los Estados Unidos, suena la línea directa con Rusia, el presidente contesta el teléfono, se dirige a ti y dice:

"—Te llaman."

Todos queremos tener éxito en la vida. Todos queremos sentir que lo hemos logrado, que hicimos lo que debíamos hacer, que cumplimos con lo que había que cumplir. Deseamos todas las cosas que el éxito lleva consigo: poder, riqueza, prestigio, reconocimiento, sabiduría. Todos queremos que cuando muramos, en nuestra tumba diga: "Vivió una vida exitosa".

Pero, ¿qué es una vida exitosa? ¿Acaso es acumular la mayor riqueza? ¿Se trata de llevar una vida de placeres y divertida? ¿O se trata simplemente de seguir una vida de determinación y trabajo duro?

El novelista ruso, León Tolstoi, escribió un cuento llamado "¿Cuánta tierra necesita un hombre?". Se centra en la historia de un ruso muy po-

221

bre que viajó con los Rashkirs, una tribu lejana. Le prometieron que le darían la cantidad de tierra que pudiera recorrer a pie en un día. El hombre pobre comenzó a correr, intentando desesperadamente cubrir el mayor trayecto posible. Finalmente, al ponerse el sol al final del día, el hombre cayó exhausto y murió. A final de cuentas, por todo su trabajo, lo único que heredó fue un espacio de dos metros de tierra.

Este es un símbolo para gran parte de nuestra vida. Hacemos y trabajamos, y al final, simplemente heredamos un pedazo de tierra. ¿Es eso el éxito? Debe haber más en la vida que simplemente *hacer*.

La Biblia enseña: "Para cada cosa hay un tiempo, y un tiempo para cada propósito bajo los cielos". Hay veces en que tenemos que detenernos y simplemente ser. Tenemos que estar con nosotros mismos. Necesitamos tiempo para pensar y meditar y simplemente ser. Necesitamos tiempo con nuestro Dios. Dios puede darnos la recarga espiritual para continuar viviendo, para continuar haciendo.

¿Qué es una vida exitosa? Es una vida de hacer y una vida de ser.

Hay un tiempo para hacer, para trabajar, para adquirir.

Y hay un tiempo para detenerse, vivir y para simplemente *ser*.

"TODO ESTÁ BIEN"

&

Resulta fascinante la manera en la que el idioma ha atravesado tantos cambios. Si le dicen a alguien: "confía en mí", la respuesta puede ser sumamente interesante. En un punto, esa declaración afirmaba una creencia de que todo estaba bien. Hay ciertos sentimientos básicos que corren profundamente por debajo de las palabras que usamos, y los pensamientos que expresamos. Por lo tanto, yo estoy sumamente cómodo cuando digo: "confía en mí", porque lo diría en el sentido más positivo.

Comento esto con el propósito de enfatizar la importancia del idioma al tratar con la recordación. Como muchos, fui educado para creer en palabras tales como: "no te preocupes" o "todo se solucionará". Recuerdo muy bien tantas desilusiones en la vida, o momentos de ansiedad cuando mi adorada madre, me abrazaba y decía: "no te preocupes, todo está bien". En cualquier ocasión, ante cualquier dificultad, siempre estaba el consuelo de saber que en mi memoria, esa bella mujer siempre me diría: "todo está bien".

Por lo tanto, llego a este momento de especial sensibilidad, con una afirmación muy positiva, bajo la cual fui educado ("todo está bien"). Qué interesante es que el idioma resulte tan reconfortante, porque hay cierto sentido de seguridad en que las palabras realmente expresen los sentimientos interiores. "Todo está bien", significa "sé que regresarás, y hasta entonces, esperaremos el uno al otro".

Recuerdo con un sentimiento especial nuestro último momento. Ella sostuvo mi mano junto a sus labios, y con suave sensibilidad, me dijo: "todo está bien".

Les cuento esto, consciente del hecho de que lo que he compartido con ustedes es una forma de terapia de grupo, porque sé que el proceso de tratar con la muerte y el morir es justamente eso: un grupo diciéndonos unos a los otros cómo nos sentimos, enviando el significado de una experiencia personal, la cual, esperamos, reforzará los sentimientos de otros.

"Si la vida tiene sentido y el amor es fuerte, y si hay cariño y sensibilidad, y risas, y lágrimas, y respeto, entonces, todo está bien". "Todo está bien", solamente si permitimos que el lenguaje y las experiencias que compartimos con nuestros seres amados nos otorguen la fuerza durante sus vidas, para que el futuro sea seguro. "Todo está bien" si vivimos cada día con ese abundante amor y cariño, que acepta el valor de la vida como el valor de la muerte. "Todo está bien" si recordamos volvernos hacia la persona que está junto de nosotros, con quien compartimos este sensible y privado momento de recordación, y los reconfortamos con el sentimiento genuino de "Todo está bien". Entonces sentiremos la unión, la cual es una bendición, y después de nuestras lágrimas y nuestro dolor, nuevamente vendrá la sonrisa, la risa y la felicidad, y levantaremos nuestras copas hacia nuestros seres amados y brindaremos por sus vidas.

NO POR NUESTRAS PALABRAS…

છ

Anónimo

Durante los duros años de la depresión, en un pueblo pequeño de Idaho, Estados Unidos, solía parar en el almacén del señor Miller para comprar productos frescos de granja. La comida y el dinero faltaban y el trueque se usaba mucho. Un día en particular, el señor Miller me estaba empaquetando unas papas. De repente me fijé en un niño pequeño, delicado de cuerpo y aspecto, con ropa roída, pero limpia, que miraba atentamente un cajón de maravillosas arvejas frescas. Pagué mis papas pero también me sentí atraído por el aspecto de las arvejas. ¡Me encanta la crema de arvejas y las papas frescas! Admirando las arvejas, no pude evitar escuchar la conversación entre el señor Miller y el niño.

—Hola, Barry, ¿cómo estás hoy?

—Hola, señor Miller. Estoy bien, gracias. Sólo admiraba las arvejas… Se ven muy bien.

—Sí, son muy buenas. ¿Cómo está tu mamá?

—Bien. Cada vez más fuerte.

—¿Hay algo en que te pueda ayudar?

—No, señor. Sólo admiraba las arvejas.

—¿Te gustaría llevar algunas a casa?

—No, señor. No tengo con que pagarlas.

—Bueno, ¿qué tienes para cambiar por ellas?

—Lo único que tengo es esto, mi canica más valiosa.

—¿De veras? ¿Me la dejas ver?

—Acá está. ¡Es una joya!

—Ya lo veo. Mmm… El único problema es que esta es azul y a mí me gustan las rojas. ¿Tienes en casa alguna como esta, pero roja?

—No exactamente, pero casi.

—Hagamos una cosa: llévate esta bolsa de arvejas a casa y la próxima vez que vengas muéstrame la canica roja que tienes.

—¡Gracias!, señor Miller.

La señora Miller se me acercó a atenderme y con una sonrisa me dijo:

—Hay dos niños más como él en nuestra comunidad, todos en situación muy pobre. A Jim le encanta hacer trueque con ellos por arvejas, manzanas, tomates o lo que sea. Cuando vuelven con las canicas rojas, y siempre lo hacen, él decide que en realidad no le gusta tanto el rojo y los manda a casa con otra bolsa de mercadería y la promesa de traer una canica color naranja o verde tal vez.

Me fui del negocio sonriendo e impresionado con este hombre.

Un tiempo después me mudé a Colorado pero nunca me olvidé del señor Miller, los niños y los trueques entre ellos. Varios años pasaron, cada uno más rápidamente que el anterior. Recientemente tuve la oportunidad de visitar unos amigos en esa comunidad en Idaho. Mientras estuve allí, me enteré que el señor Miller había muerto. Esa noche sería su velorio y, sabiendo que mis amigos querían ir, acepté acompañarlos.

Al llegar a la funeraria nos pusimos en fila para conocer a los parientes del difunto y para ofrecer nuestro pésame. Delante de nosotros en la fila, había tres hombres jóvenes. Uno tenía puesto un uniforme militar y los otros dos unos lindos trajes oscuros con camisas blancas. Parecían profesionales. Se acercaron a la señora Miller, quien se encontraba al lado de su difunto esposo, tranquila y sonriendo. Cada uno de los hombres la abrazó, la besó, conversó brevemente con ella y luego se acercaron al ataúd. Los ojos azules llenos de lágrimas de la señora Miller los siguió, uno por uno, mientras cada quien tocaba con su mano cálida la mano fría dentro del ataúd. Cada uno se retiró de la funeraria limpiándose los ojos.

Llegó nuestro turno y al acercarme a la señora Miller le dije quién era yo y le recordé lo que me había contado años atrás sobre las canicas.

Con los ojos brillando, me tomó de la mano y me condujo al ataúd.

—Esos tres jóvenes que se acaban de ir son los tres chicos de los cuales te hablé. Me acaban de decir cuanto agradecían los "trueques" de Jim.

Ahora que Jim no podía cambiar de parecer sobre el tamaño o color de las canicas, vinieron a pagar su deuda.

—Nunca hemos tenido riqueza —me confió—, pero ahora Jim se consideraría el hombre más rico del mundo.

Con una ternura amorosa levantó los dedos sin vida de su esposo. Debajo de ellos había tres canicas rojas exquisitamente brillantes.

No seremos recordados por nuestras palabras, sino por nuestras acciones.

APENAS CINCO MINUTOS...

❧

A pesar del tiempo transcurrido la escena todavía me impresiona. La nave espacial Challenger explotó ante nuestros ojos. Siete astronautas desaparecieron repentinamente. Cuando somos testigos de noticias como esta, sentimos que, con urgencia, la vida y la muerte son un tema importante. Y adquiere su real sentido el viejo refrán: "hoy aquí. Mañana quién sabe".

Sabemos que la muerte es una puerta a través de la cual cada uno de nosotros debe pasar: no hay excepciones. Y en nuestras fantasías, esperamos que cuando llegue nuestro último día, podamos partir en nuestra vejez, recostados en la cama, con nuestra familia alrededor nuestro, habiéndoles dicho a todos las palabras tengamos que decir, sin dolor, sin culpas, en paz con Dios. *Ese es nuestro suelo, pero es nuestro miedo.*

El rabino Kushner escribió en uno de sus libros: "Yo creo que no es a morir a lo que teme la gente. Algo más desconcertante y trágico que la muerte nos asusta. *Tenemos miedo de no haber vivido nunca, de llegar al final de nuestros días sintiendo que nunca estuvimos realmente vivos, que nunca entendimos de lo que realmente trata la vida....* No es cuánto vivimos: supongo que en gran parte es cómo vivimos cada momento. Cada hora. Cada día".

Pero hay otra parte del desastre del Challenger que me parece que es de lo más relevante para entender lo que quisiera transmitirles. Los siete astronautas estaban vivos y conscientes y sabían que la muerte era inminente. Este pensamiento me horroriza. Yo sé que no es agradable, pero quiero que consideren: ¿Qué pasaría si yo tuviera tres minutos para vivir?

Me parece que hay tres respuestas posibles y todas comienzan con las palabras: "Si tan sólo..."

Primero: si tan sólo hubiera sabido cuando decir adiós a mis seres queridos, el último adiós.

Este pensamiento me remite a una hermosa historia sobre el Holocausto titulada "El beso", escrita por Yafa Eliaj. Estas son las palabras de un rabino: "Yo recibí un pasaporte. Era un pasaporte para mí, mi esposa, bendita, y para mi pequeño nieto. Pero cuando recibí el pasaporte, fue demasiado tarde. Ya no estaba mi esposa ni mi adorado nieto. Al igual que mi hija y mi yerno, todos habían desaparecido. Me di cuenta que tenía la oportunidad de salvar dos almas judías, una mujer de edad madura y un niño pequeño. Dos días después, un padre vino con su pequeño hijo, de seis años de edad. "Yo soy Perlberger. Rebbe, yo le estoy dando a mi hijo. Ojalá Dios lo ayude a salvarlo". Se inclinó, besó al niño en la cabeza y le dijo: "Shraga, de ahora en adelante, este hombre que está junto a ti es tu padre."

"No puedo olvidar ese beso. Donde quiera que vaya, ese beso me sigue todo el tiempo". Antes de cerrar la puerta detrás de él, el padre miró por última vez a su hijo. Entonces escuché el eco de sus dolorosos pasos que descendían la escalera. El padre sabía que este era el último beso. ¿Se pueden imaginar el amor, el cariño, la ternura que hubo en ese último beso?

En sentido estricto, ninguno de nosotros conoce el momento de nuestro último beso. ¿Quién sabe que nos depara el futuro, qué nos traerá el mañana? Ese beso, cada beso, debe ser dado con todo el amor posible. Claro, no debemos ser fatalistas. Pero podemos aprender a tratar a nuestros seres queridos como si solamente tuviéramos cinco minutos más de vida.

¿Cuál sería el segundo remordimiento que podría haber pasado por las mentes de los que saben que van a morir? "Si yo solamente hubiera apreciado lo que tuve cuando lo tuve". A menudo descuidamos una parte importante de nuestras vidas que es apreciar con quienes la compartimos. A veces, después de tantos años de casados, las parejas se convierten en extraños, o padres e hijos se desconocen, o hermanos se ignoran, o amigos se alejan…

Ya no escuchan el llamado de urgencia, el dolor; solamente pasan la vida día tras día, mes tras mes, año tras año, como extraños. A veces, sus vidas se acercan a la vejez y todavía son extraños. Qué triste. Han dejado de apreciar lo que el otro significa.

¿Qué pasó con todo esto? Yo creo que si tuviéramos cinco minutos, muchos de nosotros comenzaríamos a encontrar bendiciones que hemos dado por hechas. Desearíamos decir esas palabras de apreciación, trataríamos de anular el orgullo que nos domina, si solamente tuviéramos la oportunidad. Y si tuviéramos sólo cinco minutos, cómo querríamos recuperar el tiempo con ellos, amarlos, apreciarlos, estar juntos. Si solamente pudiéramos... ¿Y la vida misma? ¿Acaso la apreciamos?

Yo sé que para algunos apreciar la vida significa dolores y penas físicas y emocionales. Pero están vivos. En pocas palabras, díganse a ustedes mismos: "estoy bendito, con estar vivo, con la posibilidad de estar pensando en cómo vivir mi vida. Si solamente hubiera apreciado lo que tenía cuando lo tuve..." Aprécienlo ahora, amigos, que todavía lo tienen.

Y la tercera posibilidad: "si sólo tuviera una oportunidad más, haría las cosas de diferente manera..."

Para ilustrar esta contingencia les comentaré el interesante libro *Vida después de la vida*, del doctor Raymond Moody, quien entrevistó a 150 pacientes que estaban al borde de la muerte y que fueron revividos milagrosamente. Todos dijeron cosas similares: se sintieron atraídos hacia una luz brillante, vieron a parientes fallecidos y vieron pasar su vida ante sus ojos. Esto, por cierto, es lo mismo que los cabalistas nos relataron que sucedía hace cientos de años. Después, ninguno de los pacientes temió a la muerte y cada uno dijo que al repasar sus vidas, hubo un aspecto que cambiarían, ya que se les había concedido vivir. Ellos aprenderían a amar más intensamente, a utilizar el tiempo de una manera más inteligente.

Debemos recordar a los seres queridos que ya partieron de nuestro lado, pero todos *debemos* recordar cómo vivimos y pensar cómo debemos vivir. Así que demos este amor a nuestros padres, a nuestros hijos, a nuestras parejas, a nuestras familias y amigos, para que nunca nos veamos obligados a decir: "si tuviera otra oportunidad, hubiera sido más paciente y dedicado con ellos, los hubiera amado más intensamente". Denles cabida en sus vidas. Tengan conciencia que no estarán juntos para siempre, porque nunca se sabe cuándo se terminarán esos cinco minutos.

En resumen, sus seres queridos necesitan de su afecto y de su tiempo. Necesitan ser amados más intensamente...

La escena del accidente todavía me impresiona. Al final, la cápsula se estrella en el agua, todo ha terminado. El *Challenger*, las Torres Gemelas, un avión cayendo, alguien que salió de casa y ya no regresó. Entonces te das cuenta que todo es lo mismo: cinco minutos, 50 días, 50 años. Es lo mismo ya que todo termina antes de que nos demos cuenta.

El lenguaje del corazón

EL LENGUAJE DEL CORAZÓN

೮౦

> Como sucede en el agua, donde el rostro
> responde al rostro, también el corazón de
> una persona habla directamente a otra.

PROVERBIOS 27:19

El autor de Proverbios nos sugiere que las palabras sinceras y de corazón
se deben decir cara a cara, sin tapujos, sin máscaras. No hay otra forma de
hacerlo. Las tarjetas o las llamadas no son suficientes. Sin embargo, durante el duelo, las personas —aun amigos muy cercanos o parientes— no
siempre saben qué decir. Algunos recurren a las clásicas frases ya gastadas,
otros a trivialidades. Nos dicen cosas que creen que deseamos escuchar.
Algunos no dicen absolutamente nada y otros nos evitan.

Una idea es no iniciar la conversación. No hables sólo por llenar el
vacío. El silencio habla mucho más fuertemente que las palabras, cuando
lo hacemos con el lenguaje del corazón.

LO QUE NO PODEMOS PEDIR

 හ

Harold Kushner

No te podemos pedir que evites todo tipo de problema, ya que eso es impo-sible. No te podemos pedir que libres de enfermedades a todos nuestros seres queridos, porque no puedes hacerlo. No te podemos pedir que con-jures un hechizo mágico para que las cosas malas sólo le pasen a otras personas y nunca a nosotros. Pero para la gente que pide valor, que pide fortaleza para soportar lo insoportable, que pide la gracia de recordar lo que han dejado en vez de lo que han perdido, muy a menudo sus plegarias son contestadas. Se dan cuenta de que tienen más fuerza, más valor de lo que nunca hubieran imaginado tener.

PODER PERDONAR

ॐ

Hay muchas cosas en un círculo familiar que vale la pena olvidar. Ninguna relación es perfecta. Todas tienen sus heridas y rencores. Siempre debe llegar un tiempo para perdonar y olvidar. Mas no podemos osar olvidar quienes somos y todo lo bueno que provino de aquellos que nos hicieron ser lo que somos.

Siempre debemos recordar todo lo bueno que traen consigo nuestros seres queridos, especialmente nuestros padres. A pesar de que no todo lo que hicieron resultó bueno, con frecuencia dejamos que nuestra memoria se vuelva borrosa y nos vuelva ciego a todo lo que fue bueno. Recuerden, nuestros padres entregaron todo desde su corazón y su alma.

Si sentimos que algo hacía falta en nuestra relación con ellos, no hay nada que ellos puedan hacer ahora al respecto. ¡Déjenlos descansar en paz! Pero hay algo que sí podemos hacer: lo mejor posible para asegurarnos de que nuestros hijos no vayan a sentir que había algo que faltaba en nosotros. Algún día ellos nos recordarán. ¿Qué es lo que recordarán? ¿Que siempre estuvimos ahí para ellos? ¿O que estábamos demasiado ocupados para estar con ellos? A final de cuentas, el tiempo es la mejor inversión que podemos hacer por nuestros hijos. Debemos darles tiempo: calidad y cantidad, puesto que esto es lo que creará sus recuerdos de nosotros. Para dejar recuerdos correctos, tenemos que aprender a combatir el tipo de Alzheimer que tantos de nosotros tenemos en nuestro interior al recordar las palabras que nuestros padres solían decirlos: "¡presta atención!" y "¡no se te olvide!".

Siempre tuve la sensación de que cuando recordamos a nuestros seres queridos las puertas del cielo se abren. Es un momento para el diálogo. Y si nos concentramos, podemos oír a nuestros padres hablarnos y podemos hablar con ellos. ¿Y qué es lo que han de estar diciendo? ¿Te quiero? ¡Seguro! Pero si escucháramos con cuidado quizá podamos percibir palabras que nunca oímos antes, sentimientos que sabíamos estaban ahí, pero nunca fueron expresados con palabras. Sentimientos de amor y devoción que sabíamos que nuestros seres queridos tenían por nosotros. Quizá también los escuchemos decir: "lo siento. Intenté hacerlo lo mejor que pude, pero ahora me doy cuenta de que no siempre tuve la razón. Mis intenciones fueron buenas. Por favor, compréndeme".

Nosotros, también, tenemos la oportunidad de hablar con nuestros padres y seres queridos. Y hay algunas cosas que tal vez querramos decirles: "lo comprendo. Así que por favor compréndeme a mí. Por todas las promesas que no cumplí porque era demasiado difícil o era demasiado joven, o no tenía suficiente sabiduría o fui demasiado débil. Por favor, perdóname. Por todas las promesas que tú no cumpliste, yo te perdono. Por concentrarte en todo lo que hacía falta, sin nunca apreciar por completo todo lo que dabas, te agradezco con todo mi corazón. Por las lágrimas que no fueron derramadas y la atención que no fue dada porque yo estaba muy ocupado viviendo mi vida, por favor debes saber que siempre serás parte de mi vida".

Ahora es el momento de decirles, ya sea por primera o por enésima vez, "te amo, te quiero, te extraño, te doy las gracias, siempre te recordaré". Recuerden, presten atención. No olviden.

LA MEJOR MANERA DE MANEJAR
TUS SENTIMIENTOS,
NO ES "MANEJARLOS", ES SENTIRLOS

જી

Puede que la gente te esté dando los mensajes menos prácticos acerca de cómo manejar la muerte de tu ser querido. Te dicen: "estás manejando muy bien tu pérdida". Lo que mucha gente quiere decir con esta retroalimentación es que no estás llorando demasiado, o actuando demasiado triste, que pareces bastante normal. Tal vez estás siendo estoico. Lo que sea que otros dicen no es necesariamente la mejor manera de sentir el dolor.

Otra frase que usualmente se emplea: "debes ser fuerte ahora". Frecuentemente se espera que seas fuerte para otras personas, tu propia familia. Algunas veces te dicen que seas fuerte tan sólo para ti mismo, de manera que puedas manejar todo lo que enfrentas. Puede haber otra intención en estas palabras: "no te veas como si te sintieras débil o inseguro".

También suelen decirnos: "alégrate. Esto pasará pronto". Otra traducción para "anímate" es "anímanos". Algunas personas no saben qué hacer cuando otros están tristes. Se sienten incómodos cerca de ellos. Se sienten doblemente incómodos cuando alguien permanece triste por un largo tiempo (lo que puede ocurrir fácilmente durante el duelo). Tal vez las personas traten de apurarte junto con su retroalimentación y su consejo, como para decir: "acabemos con esto tan rápido como podamos". Ellos se tienen en mente a sí mismos, más que a ti.

Si te dan este tipo de mensajes, hazte un favor a ti mismo: no les pongas atención. La mejor manera de atravesar el duelo es estando en contacto con aquellas emociones que pasen por tu camino. Puede que tus sentimientos sean muchos o pocos. Pueden ser suaves, fuertes o de cualquier otra forma.

Suelen ser impredecibles. Pero no son un signo de que haya algo malo en ti. De hecho, tus sentimientos son un signo de que hay algo bien en ti. Alguien que amas ha fallecido y te ha dejado, y naturalmente eso duele. Tu vida y costumbres han cambiado. Por lo tanto, pasas por dolor. Esa es la manera en la que eventualmente comienzas a sentirte de nuevo más como tú mismo, más completo, por mucho tiempo que tome.

Puede que te sientas triste, más triste de lo que pensaste fuera posible. Puedes sentirte deprimido, incluso desesperado. Puedes sentir miedo, aun sin entender por qué. Puedes sentirte muy solo, aun cuando te encuentras rodeado de gente, y especialmente en algunas ocasiones, cuando estás rodeado de otros. Puedes sentirte inusualmente cansado, fácilmente distraído, inexplicablemente ansioso. Es posible que te enojes más fácilmente, que estés enojado con los demás, contigo mismo, con Dios e incluso con la persona que falleció. Algunas personas se sienten culpables, ya sea por lo que han dicho o hecho, o por lo que no han dicho o hecho.

Otra sensación que tal vez experimentes es la que se refiere a no albergar casi ningún sentimiento. Puede que te sientas vacío y entumido. Esa es una reacción común, especialmente al principio. Es un signo de que tu cuerpo y tu mente te protegen hasta que estés listo para procesar lo que ha sucedido.

Toma mucho valor enfrentar todo lo que se viene. Requiere una gran cantidad de energía, y un momento en el que tus reservas están más bajas de lo normal. Toma fuerza y determinación seguir haciendo lo que debes en estos días, sentir lo que sea que sientas. Tienes una simple opción. Puedes experimentar tus sentimientos a tu propio modo, como te llegan, o puedes posponerlos hasta otro momento. Pero no tienes la opción de posponerlos para siempre. En algún lugar, de alguna manera, en algún momento, tus sentimientos demandarán tu atención. Para entonces pueden haberse desarrollado aún más fuertes y profundos.

Recuerda: La mejor manera de afrontar tus sentimientos no es rodearlos, sino caminar con ellos.

DÉJALES SABER LO QUE QUIERES

ॐ

Marshall T. Meyer

Hay un momento en el tratamiento médico en el que uno requiere tomar una decisión. Yo me enfrenté precisamente a ese momento cuando mi hermano estaba muriendo de cáncer. Murió a la edad de 49 años. Yo había llegado de Argentina para donarle mi riñón, ya que la enfermedad pasó a la metástasis y éramos perfectamente compatibles. Pero desafortunadamente llegué demasiado tarde, y el cáncer se había esparcido al hígado. Por lo que me quedé un mes para cuidarlo. Estaba en quimioterapia y radiación, y Dios sabe cuántas cosas más.

Finalmente, llegó a su casa en Norwich, Connecticut. Nuestra familia siempre utilizó el hospital de la universidad de Yale en New Haven. Algunas veces utilizábamos el Massachusetts General, pero usualmente era el Yale. Y el médico que lo atendía ahí era su mejor amigo desde los diez años. Ellos crecieron juntos, estuvieron en la marina juntos y en el Pacífico del Sur. Eran muy cercanos. Finalmente un día le dije: "Harvey, ¿para qué demonios lo estoy llevando todos los días a radiación? Casi no puede caminar. ¿Por qué le estamos haciendo esto?"

Me dijo:

—No soporto no hacer nada.

—Harvey, no es lo que no soportes… Tú eres el médico. ¡Lo que importa es lo que John no puede soportar! Él es mi hermano.

Me contestó con una terrible pregunta, me dijo: "¿es *eso* lo que John quiere?". Por lo que le pregunté a mi hermano la terrible interrogante. Fue un momento impresionante. Él sabía que se estaba muriendo. Casi no

241

podía moverse. Cada vez me tomaba cerca de una hora vestirlo y ponerlo en el carro. Por lo que dije:

—John, esto es tan…. ¿quieres hacerlo?

—No, solamente déjame en mi cama. Tú sabes lo que quiero. Solamente quiero algo de música. Solamente quiero descansar.

Por lo que lo dejamos y nunca volvimos al hospital. Y en tres semanas estaba muerto. Estuvo escuchando todas sus arias y óperas favoritas, y entró en estado de coma. Y eso es lo que quería.

¿Me siento culpable? Me hubiese sentido increíblemente culpable si hubiese continuado el tratamiento en contra de su voluntad. Fue relativamente sencillo. Estaba lo suficientemente lúcido como para responder a la pregunta. Pero, ¿qué haces cuando no puedes realizar la pregunta? Por eso es que estoy tan preocupado, tan apasionado, tan determinado a que la gente tenga testamentos en vida. Le deben a las personas que los aman el hacer saber sus deseos y *¡escribirlos!* Porque ustedes no saben si un día estarán conectados a una máquina. Le deben a la gente que aman el decirlo por escrito y *con testigos*. Si no desean métodos heroicos, o desean luchar por la vida hasta el último suspiro, si están dispuestos a quedar paralizados sin habla, o muertos del cerebro durante seis años, si es que quieren mantener encendida o no la máquina, de cualquier manera, le deben a quienes aman el hacérselo saber. Existen documentos legales adecuados para hacerlo.

No soy un abogado pero soy un rabino, y trato con estos asuntos todo el tiempo. Una vez que el paciente está conectado a una máquina, no hay documento que lo pueda desconectar. Pero cuando llegan a decidir *si prenderlo o no*, deben tener un permiso firmado. Si eligen firmar el permiso para que su padre o madre, esposo o esposa, hijo o hija, su amigo o amiga, o cualquier ser amado no sean conectados, entonces los médicos no tienen que hacerlo.

Entiendan que hay una diferencia entre esto y la eutanasia. No estamos hablando acerca de eutanasia. Estamos hablando acerca de la diferencia de prolongar la vida, en contra de prolongar la muerte. Yo no quiero que mi vida sea prolongada por una máquina cuando ya no tenga conciencia.

Uno de los principales problemas que surgen al tratar este tema es que siempre asumimos —tal vez por razones sicológicas— que estas decisiones aplican solamente a gente mayor. Siempre negamos que pudieran involucrar a gente joven. Racionalmente sabemos lo ridículo que resulta. Todos hemos estado en funerales de personas más jóvenes que nosotros. Por lo que las posibilidades de las que estamos hablando son muy reales.

Por lo tanto les ruego —les suplico— por ustedes y por sus seres queridos, hacer las declaraciones adecuadas acerca de cómo desean que se manejen estos asuntos.

Es una cosa espantosa el tener gente adivinando lo que uno hubiese deseado.

SÓLO DI LO QUE SIENTES

వ

Mucha gente no sabe qué decir cuando visita a los dolientes. Estos son los sentimientos que Rita Moran expresó ante la experiencia de la muerte de su hija.

Por favor, no me preguntes si ya pasó.
Nunca se me pasará.
Por favor, no me digas que está en un mejor lugar.
Ella no está aquí conmigo.
Por favor, no me digas que al menos no está sufriendo.
Todavía no entiendo por qué tenía que sufrir.
Por favor, no me digas que entiendes lo que siento.
A menos que también hayas perdido un hijo.
Por favor, no me preguntes si ya me siento mejor.
La desgracia no es una condición que se mejora.
Por favor, no me digas que al menos la tuve por muchos años.
¿Qué año escogerías para que muera tu hijo?
Por favor, no me digas que Dios nunca nos envía más de lo
     que podemos soportar.
Por favor, sólo di que lo sientes.
Por favor, sólo di que recuerdas a mi hija, si es que lo haces.
Por favor, déjame hablar de ella.
Por favor, menciona el nombre de mi hija.
Por favor, sólo déjame llorar.

CÓMO ESCUCHAR

୬

Visitamos un amigo, una amiga, una pareja que enfrentan el dolor de la muerte y después de los clásicos comentarios superficiales y verdaderamente innecesarios, él o ella o ellos nos dicen: "si me ves por fuera, pensarías que soy una persona normal. Hago todas las cosas cotidianas que se supone debo hacer. Pero por dentro, el dolor es tan grande, que siento que voy a estallar".

Y casi automáticamente sentimos una incomodidad especial, porque es muy común que cuando no sabemos qué decir tendemos a sentirnos inútiles con nuestros amigos. Pero una de las cosas más importantes que podemos hacer por alguien que ha sufrido una pérdida es escuchar.

Aunque creamos que escuchar a alguien es algo que deberíamos saber hacer naturalmente (oír y escuchar), prestar atención es un trabajo difícil. Porque escuchar activamente es una forma especial de responder, en la que el que ayuda, transmite su comprensión de los pensamientos y sentimientos que están siendo expresados. Requiere de intentar oír lo que se está diciendo desde el punto de vista de la otra persona. Imaginen que alguien dice: "Han pasado unos seis meses desde que mi esposa murió, y mis hijos me dicen que 'ya debería continuar con todo'. No sé qué es el 'todo' con qué quieren que continúe, pero me encantaría que me dejaran en paz". Tú quieres que tu respuesta transmita respeto, construya confianza, evite los malentendidos. Para ello debes saber que escuchar bien significa al mismo tiempo interpretar lo que se te ha dicho.

Puedes responder: "te molesta que tus hijos te están empujando a ir más rápido y no te sientes listo para eso". Es importante asegurarte de que has comprendido bien. Con frecuencia puedes notarlo con su respuesta no verbal, si asienten con la cabeza o lo niegan.

La verdad es que tú no estás escuchando si…

—Dices que lo comprendes cuando no has tenido una experiencia similar.

—Tienes una respuesta para su problema antes de que haya terminado de hablar, o terminas la frase por él.

—No dejas de interrumpirlo.

—Cuentas tu experiencia y haces que parezca que la suya no tiene importancia.

—Te estás comunicando con otra persona en el cuarto.

—Rechazas su agradecimiento y dices que en realidad no has hecho nada.

Estás escuchando cuando…

—Realmente tratas de comprenderlo, aunque lo que diga no tenga mucho sentido.

—Comprendes su punto de vista, aunque sea contrario a tus convicciones personales.

—Te das cuenta que el tiempo que te quitó te ha dejado algo cansado y drenado.

—Le permites la dignidad de tomar sus propias decisiones aunque quizá creas que no sean las correctas.

—No te llevas sus problemas, sino lo ayudas a lidiar con ellos a su manera.

—Te aguantas las ganas de darle un buen consejo.

—No ofreces un consuelo religioso cuando percibes que todavía no está listo para recibirlo.

—Le dejas suficiente espacio para descubrir por sí mismo qué es lo que realmente está sucediendo.

—Aceptas su gratitud y le dices lo bien que te hace sentir el que lo hayas podido ayudar.

Tú me escuchas cuando respetas mi dolor, incluso
cuando permanezco en silencio.

CÓMO RECORDAR

∞

Muchas veces personas que han perdido algún ser querido se acercan para manifestar su deseo de encontrar una forma de recordarlo. Es generalmente un deseo de perpetuar su nombre o algún proyecto que haya sido un ideal en su vida. La verdad es que hay muchas formas de hacerlo. Esta lista propone apenas algunas ideas para ayudarte a empezar esta tarea.

- Plantar un árbol.
- Encender una vela en su memoria.
- Escribir un libro de recuerdos, y con fotos, de tu ser querido.
- Practicar caridad, donando dinero en memoria de tu ser querido a gentes sin recursos.
- Otorgar una beca en alguna escuela sin recursos en su memoria, a su nombre.
- Dedicar algunas horas y semanas en alguna institución de voluntarios.
- Escribir un poema o una semblanza sobre él o ella.
- Ir a un lugar que les gustaba visitar juntos.
- Tocar su música favorita.
- Visitar los lugares preferidos.
- Compartir recuerdos de él o ella con amigos y parientes.
- Financiar algún proyecto de tu iglesia o sinagoga en su memoria.
- Hacer una caja de recuerdos llena de memorias sobre él o ella.
- Reunir a tus parientes y amigos para recordarlo.
- Leer en voz alta su texto favorito.
- Continuar algún proyecto que quedó truncado con su muerte.

Estas son tan sólo algunas ideas. Lo importante es que ahora tú las lleves a cabo.

CÓMO PUEDES AYUDAR...

೮೦

Si te preguntas cómo puedes ayudar al doliente para brindarle consuelo, para disminuir su dolor, para reforzar su fe, he aquí, algunas sugerencias.

Mantente en contacto con tus propios sentimientos. No te separes emocionalmente de la familia afligida. Convertirte en una parte honesta del dolor establece una relación para poder compartir. Mostrar sentimientos y emociones no significa perder objetividad o profesionalismo.

Sé una presencia de apoyo. No hay respuestas que puedan darse en el momento de la muerte. Es difícil consolar al enlutado cuando su herida está frente a él o ella. "Estar ahí" es la forma de expresar tu apoyo.

Acepta el sufrimiento y la dolorosa pena. La pérdida causa un enorme dolor y destroza emocionalmente. No creas que si una persona es "fuerte" o "tiene fe" no va a permitirse expresar sentimientos y emociones profundas. Es sano lamentarse. Evita frases trilladas como: "bueno, pueden tener más hijos", o "es la voluntad de Dios", "está mucho mejor ahora", "ahora está con Dios". Estas ideas no necesariamente causan consuelo.

Deja lugar para el silencio. El clero sabe usar muy bien las palabras. Sin embargo, cuando tengas que tocar la vida de padres que hayan pasado por la muerte de un hijo u otras circunstancias trágicas, hace falta medir muy bien las palabras. El silencio siempre deja un espacio donde la familia puede llorar, gritar la ira, dudar, rogarle a Dios o mantenerse en un doloroso silencio. Un silencio de apoyo es a veces lo más valioso.

Mantente disponible cuando todos se van. Las familias enlutadas reciben atención durante la primera semana, pero después de eso, la gente desaparece y las personas o familias se sienten solas y aisladas. Ese es el momento más importante. ¡Realiza una visita personal! Llama por teléfono para que sepan que los recuerdas. Intenta ser sensible especialmente cerca de las fiestas o el aniversario de la muerte de su ser querido. Menciona el nombre del fallecido y ayuda a recordar tanto los momentos de dicha como los de tristeza. Abrázalos.

Da consuelo. Debes estar presente y escuchar, realmente escuchar. Ayuda a los dolientes a descubrir que incluso en los momentos de mayor pena en la vida hay un destello que muestra que Dios sigue presente y trabaja en la vida de su gente. Comparte tu fe y creencias religiosas en una manera delicada. Recuerda que nada puede comunicar mejor el amor de Dios que tu presencia y apoyo.

RECUERDA EL DÍA DE TU MUERTE

80

Un importante libro medieval sobre ética, el *Sefer Hayashar*, el *Libro de los justos*, escrito probablemente por R. Zejaria Halevi, de Grecia, es un manual para desarrollar el potencial espiritual que uno posee, probablemente, sin saberlo. El autor insiste en que para que se dé el crecimiento espiritual y ético en una persona, es crucial que ella recuerde el día de su muerte. Resulta importante que le diga a su corazón: "mi corazón, mi corazón, ¿no sabes que fuiste creado solamente para regresar al polvo? ¿No sabías que todos los días que vives en la tierra pasan como una sombra, como una semilla de grano que se lleva el viento desde el suelo, y como humo de una fogata?".

Generalmente, la gente joven no tiene el hábito de pasar mucho tiempo contemplando el día de su muerte. Uno es joven, está lleno de vigor, energía, descubrimientos, independencia, y quizá, disfruta de buena salud. En el colegio uno se regocija con momentos excitantes y animados en la vida. Gracias a Dios, la muerte no es una gran preocupación para los jóvenes. Mientras la gente se hace mayor, tampoco gustan de pensar mucho acerca de la muerte. Cuando las personas experimentan la pérdida de padres y amigos de sus padres, entonces la muerte de amigos, parientes y hermanos, el hecho de la muerte se hace demasiado real, y no es tan agradable de contemplar.

¿Por qué entonces debemos pensar con regularidad acerca del día de nuestra muerte? Estamos obligados a recordar el día de nuestra muerte, porque esto puede enseñarnos importantes lecciones, las cuales nos ayudan a vivir nuestras vidas de manera más completa y con más significado.

Primero, al saber que todos nosotros inevitablemente moriremos, nos recuerda que todos los seres humanos son iguales. No importa lo grande que seamos, lo fuertes, lo que hayamos logrado o aprendido, cualquiera que sea la posición que hayamos conseguido a través de la riqueza, talento o liderazgo, cada uno de nosotros, como todos los demás, es finito. Reconocer la mortalidad compartida nos recuerda nuestra humanidad compartida y el deber de tratar a los demás seres humanos con respeto, justicia y bondad. Un sabio interpretó las palabras de la Biblia, *Ama a tu prójimo como a ti mismo*", como "Ama a tu prójimo; él es como tú". Que todos somos iguales en la certidumbre de la muerte, sugiere que en vida, la dignidad humana también es compartida. Por lo tanto, los rabinos enseñaron: "deja que la dignidad del otro ser humano sea tan preciosa para ti como la tuya propia".

La segunda lección que aprendemos al pensar acerca de nuestra muerte es que debemos tener cuidado de no malgastar el tiempo. Dado que nuestro tiempo en la Tierra es limitado, debemos de utilizarlo sabiamente, asegurarnos que guardemos tiempo para trabajo y tarea, para leer y para recreación, para pensar y para descansar, y para la gente. En estos días, la vida parece más presionada que nunca, y a menos que utilicemos nuestro tiempo sabiamente, puede que perdamos las oportunidades, las actividades y a la gente que hace que valga la pena vivir.

Un muy conocido empresario internacional, Lee Iacocca, una vez declaró: "La habilidad para utilizar bien tu tiempo lo es todo. Desde el colegio, he trabajado muy duro durante la semana, y excepto por períodos de crisis, mantuve mis fines de semana libres para la familia y la recreación. Cada domingo por la noche caliento los motores de mi adrenalina al hacer una lista de lo que quiero lograr durante la semana. Estoy maravillado ante el número de personas que no parecen poder controlar sus propios horarios. A través de los años, muchos ejecutivos me han dicho con orgullo: '¡trabajé tan duro el año pasado que no tomé vacaciones!'. Siempre deseo responder: 'tonto. ¿Quieres decirme que puedes tomar la responsabilidad de un proyecto de 80 millones de dólares, y no puedes planear dos semanas del año para divertirte un poco?'".

Cuando estamos conscientes de que nuestro tiempo en la Tierra es limitado, también es más probable que usemos el tiempo cuidadosamente, lo llenemos, no con carreras frenéticas y prisas, no con actividad compulsiva, sino con las cosas que realmente cuentan: compromiso, causas, trabajo, descanso, juego, la posibilidad de cambio, otros seres, personas increíblemente queridas, risas, lágrimas, momentos que colman de belleza. Todo esto suena como si habláramos del amor.

Recordar la muerte nos recuerda el valor de cada día de vida, nos recuerda que es sabio hacer que nuestros días cuenten. Cuando estamos conscientes del hecho de que nuestro tiempo es limitado y que nunca sabemos cuándo puede llegar el final, nos damos cuenta de que debemos apreciar el momento y actuar ahora.

También hay sabiduría en reconocer que la muerte con frecuencia interviene, y que algunas veces no obtenemos segundas oportunidades de decir cosas que queremos decir, que debemos decir, hacer efectivas reconciliaciones con personas con las que nos hemos distanciado.

Este pensamiento me recuerda cuando hace algunos años, al legendario Oso Bryant, reconocido entrenador de fútbol americano en la Universidad de Alabama, le pidieron realizar un comercial de televisión para la compañía telefónica Southern Bell. La parte del entrenador Bryant era sencilla, solamente una frase. Al final del comercial, Bryant debía darles, gritando, una orden a sus jugadores: "¡Llamen a su mamá!". En la filmación del comercial sucedió algo inesperado. Mientras Oso Bryant se volvía hacia la cámara, las lágrimas se asomaron en sus ojos cuando dijo: "¡llamen a su mamá!, les aseguro que quisiera poder llamar a la mía". La compañía pasó el comercial al aire como se filmó, y la respuesta fue abrumadora. La gente llamó a sus madres. Varias personas llamaron para agradecer a Southern Bell. Él había estado separado de su madre hacía seis años, por una de esas discusiones entre madre e hijo que muchos conocemos. Después de filmar el comercial, Bryant llamó a su madre, y en una larga conversación, se reconcilió con ella. Pocos días después, ella murió inesperadamente.

Si pensamos en el día de nuestra muerte, estaremos más inclinados a tomar ventaja de las oportunidades de cambio, amor y reconciliación cuando se nos presentan. No recibimos muchas segundas oportunidades. Con mucha frecuencia en nuestra vida dejamos que pequeñas cosas se interpongan en el camino de nuestras relaciones personales, la gente comienza una discusión, permite que una herida se haga profunda, deja que el distanciamiento crezca. Las razones para aislarse pueden ser relativamente menores: olvidarse de una ocasión familiar, no ofrecer un cumplido esperado, ocasionar vergüenza; con frecuencia, el origen de una pelea es olvidado. Sin embargo, hay veces en las que nos damos cuenta que debemos extender la mano, escribir la carta, hacer la llamada, ofrecer reconciliación y amistad, ternura, sensibilidad y entendimiento.

Cuando estamos conscientes de nuestra mortalidad y de la mortalidad de otros, tenemos menos oportunidades de perder oportunidades para arreglar relaciones, somos propensos a perdonar y pedir perdón, estamos más dispuestos a abrazar a personas que realmente amamos y decirles lo mucho que nos importan.

Cuando recordamos que un día moriremos, tenemos más probabilidades de vivir la vida. Porque la conciencia de nuestra mortalidad puede ayudarnos a vivirla más plenamente. Pensar el día de nuestra muerte nos impulsa a recordar la equidad humana y respetar la dignidad humana. Nos recuerda no desperdiciar nuestros días y a hacer que nuestra vida cuente. Recordar el día de nuestra muerte, nos recuerda la urgencia de vivir, la urgencia de reconciliarnos mientras aún hay tiempo, nos recuerda apreciar el regalo de la vida.

Quiero dejarles como reflexión este relato, que nos habla a cada uno de nosotros, de las cosas verdaderamente importantes y relevantes de la vida:

Un padre viudo y su hijo vivían en diferentes ciudades. Semanalmente, como un ritual, ellos hablaban por teléfono. Cierta vez, ante la proximidad de las fiestas de fin de año, el padre invitó a su hijo a pasarlas juntos. El hijo se disculpó.

—Perdona, papá, pero estoy muy ocupado y ya había hecho otros planes con mis amigos.

Luego de un breve silencio, la voz entrecortada del padre volvió a escucharse:

—Hijo, permíteme hacerte una pregunta: el día que yo muera, y te avisen, ¿dejarías lo que estuvieras haciendo, para estar presente en el funeral y despedirte de mí?

—Papá, ¿cómo se te ocurre semejante duda? Que Dios te dé muchos años de vida, pero ciertamente estaría junto a ti.

—¿Sabes, hijo? En vez de venir a mi entierro, mejor ven ahora que estoy vivo y compartamos el momento.

Vivimos rodeados por la muerte que nos priva de aquellos a quienes amamos y que algún día privará a quienes nos aman de nuestra presencia. La muerte puede llevarse el futuro, nunca el pasado. Lo que hemos vivido, compartido, reído y llorado, peleado y reconciliado, los abrazos y las caricias, las palabras y los silencios, cada uno y todos los momentos han sido tan intensos, que son una parte inseparable de nosotros.

Tal vez la lección más importante que he aprendido en la vida está en la palabras llenas de sabiduría de un ser humano que realizó el viaje por el dolor: "Yo le diría a la otra persona, por el hecho que aprendí un poquito más, que se asegure que las personas a quienes ama lo sepan. El resto es trivial. Los desacuerdos, las riñas, no son importantes. Se ven inmensamente pequeñas, cuando las observamos con una vista panorámica".*

Cuando el dolor lastime tu corazón, recuerda, que la oscuridad más intensa de la noche, es el instante previo al amanecer. Recuerda que *Dios nunca nos coloca pruebas que no podamos enfrentar*. Recuerda que el tiempo solo, no cura. Que es la lealtad a la vida la que nos permite aprender a decir adiós.

---

* Ericsson, Stephanie, *Companion Through the Darkness*, Harper Perennial, New York, 1993.

LOS RECORDAMOS

Al amanecer y al atardecer,
los recordamos.
Cuando sopla el viento y en el frío del invierno,
los recordamos.
Al abrirse las flores y en el renacimiento de la primavera,
los recordamos.
En lo azul del cielo y en lo cálido del verano,
los recordamos.
Con el rumor de las hojas y en la belleza del otoño,
los recordamos.
Al principio del año y cuando termina,
los recordamos.

Mientras vivamos, ellos también vivirán;
ya que ahora son una parte de nosotros,
al recordarlos.

Cuando estamos fatigados y necesitamos fuerza,
los recordamos.
Cuando estamos perdidos y angustiados,
los recordarnos.
Cuando tenemos alegrías que deseamos compartir,
los recordamos.
Cuando debemos tomar decisiones difíciles,
los recordamos.

Cuando logramos algo que empezó con ellos,
los recordamos.

Mientras vivamos, ellos también vivirán;
ya que ahora son una parte de nosotros,
al recordarlos.

FUENTES

∾

[Este libro incluye textos de las personas que se mencionan a continuación en orden alfabético. A cada uno y a todos les agradezco el permitirme publicar sus textos.]

Joan Webster Anderson, "Cómo una flor rosada ayudó a construir mi fe", publicado originalmente en *Where Wonders Prevail*, Ballantine, New York, 1966.

Compassionate Friends, "Crianza de los hijos sobrevivientes" y "Cuando un niño muere"; organización cuya misión es ayudar a las familias a lograr la resolución positiva del pesar que sigue a la muerte de un niño de cualquier edad, y proporcionar la información necesaria para obtener ayuda y apoyo. Para mayor información: www.compassionatefriends.org

Alvin Fine, "La vida es un viaje"; rabino emérito de la Congregación Emmanuel, en California. Falleció a la edad de 82 años, el 19 de enero del 2003. Profesor de humanidades en la universidad de San Francisco.

Vicky Holander, "Abrázame ahora (después de un aborto espontáneo)"; extracto del libro *Lifecycles*, vol. 1: *Jewish Women on Life. Passages and Personal Milestones*, editado por Debra Orenstein, Jewish Lights Publishing, Woodstock (VT), 1994.

Harold S. Kushner, "¿Por qué sufren los buenos?"; rabino y autor de varios libros, entre ellos *Cuando las cosas malas le pasan a la gente buena* (*When Bad Things Happen to Good People*, Shocken Books, 1981), *best seller* mundial. Excelente conferencista y profesor. Acaba de publicar *The Lord is my Shepherd*, un análisis desde la perspectiva de la sanación del Salmo 23.

Joshua Loth Liebman, "Niño de la tierra" y "La melodía de la vida", extractos de su libro *Peace of mind*, Bantam / Simon & Schuster, New

York, 1946. Fue rabino y sus sermones eran transmitidos por varias cadenas de radio y televisión en Estados Unidos. Fue profesor en varias de las más reconocidas universidades estadunidenses.

Gisela Luján, "El presente"; escribió el libro *Buscando a Estrella Maili. Reconstruyendo mi vida*, poco tiempo después de perder a su hija Mariana de 14 años. Originaria de Venezuela, radica en Colorado, EUA. Ha creado una fundación de ayuda a quienes enfrentan tan difícil dolor. Su dirección electrónica es: www.estrella-maili.com.

Anne Lynne, "El hermanito se ha ido al cielo"; seudónimo de una esposa y madre devota, recientemente fallecida. Reconocida por su dedicación a asistir y orientar a mujeres que deben enfrentar la pérdida de embarazos o muerte neonatal.

Marshall T. Meyer, "Déjales saber lo que quieres"; un hombre de ideas e ideales. Rabino y maestro. Vivió comprometido con sus principios. Recibió gran cantidad de premios, entre ellos la condecoración entregada por el gobierno de la República Argentina por su lucha en defensa de los desaparecidos durante la dictadura militar. Trabajador incansable por las relaciones judeo-cristianas, por los derechos humanos y por los pobres y desamparados. Fue rector y fundador del Seminario Rabínico Latinoamericano, con sede en Buenos Aires, y quien proyectó el Movimiento Conservador en Latinoamérica. Mi maestro, a quien a diez años de su muerte, recuerdo y cuya palabra y melodía continúan dando calor e inspiración a mi vida.

Jeffrey Wohlberg, "Los tiempos de nuestras vidas"; rabino principal, Congregación Adas Israel, Washington, DC.

Raymond Zwerin, "El tambor", "Cristales en el viento" y "El roble"; rabino del Templo Sinaí, Denver, Colorado.

ÍNDICE

☙

Aprendiendo a decir adiós, de Marcelo Rittner
se terminó de imprimir en abril del 2008 en
Litográfica Ingramex, S.A. de C.V.
Centeno 162-1, Col. Granjas Esmeralda,
México, D.F.